京大総長、ゴリラから生き方を学ぶ

山 極 寿 一

朝日文庫

本書は二〇一五年十一月、小社より刊行された朝日新書『京大式おもろい勉強法』を改題し、加筆・修正したものです。

はじめに

「おもろいことをやりましょう！」

二〇一四年一〇月に京都大学の総長に就任したとき、これをキャッチフレーズにしました。

「おもろい」という発想についてはのちに詳しく述べますが、簡単に言ってしまえば、自分だけが面白がるのではなく、創造的な発想を練って相手に「それ、おもろいな」と興味を持たせるように伝える、言ってみれば「対人力を鍛えながら独創力を磨く」ようなことです。

私はこれまでの四〇年間、アフリカ中央部のジャングルに暮らすゴリラの研究を続けてきました。

研究者と聞くと、ただひたすらデータを取ったり、専門分野の調査にもっぱら従事していると思われるかもしれませんが、現実はそうはいきません。

調査に必要なさまざまなお膳立てがされて、アフリカへ行けば、その日からでもフィールドでゴリラの観察ができる、などということは一度もありませんでした。とくに、私がゴリラの研究を始めた一九七〇年代後半は、現地で調査許可証を自分で取ることから始めなければいけませんでした。しかも、当時は日本人によるゴリラの研究はほぼ手つかずで、すべての道筋を自分でつけなければならなかったのです。

まずは身一つで誰も知り合いのいない異文化の中に入っていくわけですから、そこで危険な目に遭わないよう嗅覚《きゅうかく》を働かせることが必要です。調査を進めるためには、ゴリラやゴリラの棲《す》むジャングルについての情報を得たり、土地の案内をしてもらわなければなりません。現地の人たちの協力なしには調査は進まないのです。

そのときに痛感したのが「対人力」や「対話」のあり方でした。

思えば、私が京都大学の理学部に在籍していた学生のころは、「それで、お前の考えはどうなんや？」と、先生や先輩方からおおいに「対話」の洗礼を受けたものです。学外との交流も日常茶飯事でしたから、京大は常に対話であふれ返っていました。まさに、「対話を根幹とした自学自習」の伝統が脈々と息づいていました。

しかし、二〇一四年に日経ＨＲが企業の人事担当者を対象に行った新卒者の出身大学のイメージ調査では「知力・学力、独創性」は上位で、京大は総合評価でトップを取ったものの、「対人力」だけは低かった。これはまずい、と思いました。たしかに思い当たることはあります。

最近の若者が人との濃密なコミュニケーションが取れないということはよく耳にしますすし、京大の学生を見ていてもそう感じることがあります。

また、自分の意見は口にできても、対話ができない学生もいます。今の学生たちは自分の意見は割合口にするのです。でも、相手の意見が聞けない。「私はその意見には賛成できません！」と言ったまま、ピシャリと自分の殻に閉じこもってしまうことも少なくありません。相手の立場に立って物事を考えることができないようなのです。だから、すぐに気持ちの袋小路に入ってしまいます。どうにも対話が不得手なようです。

・相手の立場に立って物事を考える
・状況に即して結論を出せる
・自分が決定する

私は、実りある対話をするための「対人力」というものは、この三つが軸だと考えています。

要するに、自分がしたいと思っていることに対し相手が違うことを望んでいたり、望むことが重なって取り合いになったときには、どんな結論を出せるかを相手と共に考える必要が出てきます。

今は私が学生だったころとは違い、外国での調査にも事前に情報を得られたりして多少の道筋がついているので、ゼロからすべて一人で切り開いていかなければいけないことは少なくなりました。

しかし、日常生活においては情報技術の革新やグローバル化に伴い、むしろ異文化の人々と接することが増えています。

それ以前に、同じ文化の中で育った日本人同士ですら、育った環境や立場から意見の相違が生じる。そういう自分とは違う考えを持った人と付き合っていくときに、討論によって自分が正しいと主張するよりも、お互いの考えの違いを超え、そこで新たな考えを共につくりあげていくほうが、よっぽど「おもろい」と思うのです。

私は、対話や対人関係の術《すべ》をアフリカの人たちに学びましたし、京都の人たちからも学びました。もちろんジャングルの中で暮らすゴリラたちからも。そして何より私が壁にぶつかったときに、心強い味方になってくれたのが「対話」や「対人力」でした。

アフリカの人々は言います。

There is no problem. There is a solution.

人生のなかではきっとたくさんの困難に出合うでしょう。しかし、どんな困難に直面しようとも、必ず解決策がある。

すぐに結果の出ないフィールドワークは、時には暗闇を手探りで進んでいくような感覚にも陥ることがあります。そんなとき、私はこの言葉に何度も助けられました。研究でも、学問でも、仕事でも、人間関係でも同じこと。

「There is a solution.」とは、ただ、自分の信じた道を進み、解決に向かって一つひとつ当たっていくことなのですから。

この本に書いた「勉強法」は、野生的で泥臭い、ちょっと変わったものかもしれませんが、人と人との繋《つな》がりが希薄な今の時代にこそ、求められているものと自負しています。前向きに生きるパワーとヒントを受けとめてくださったら幸いです。

京大総長、ゴリラから生き方を学ぶ　目次

第3章　相手の立場に立って「信頼」が生まれる

編集協力＝佐古鮎子
写真＝著者提供
地図制作＝谷口正孝

京大総長、ゴリラから生き方を学ぶ

第1章

「おもろい」という発想

大学はジャングルだ！

「現場で汗水流して働いていた技術者を、突然社長の椅子に座らせたようなもの」

私が第二六代京大総長に就任したときにある新聞がそう報じていましたが、なるほどたしかに言い得て妙だなと変に納得してしまいました。

京大の総長は立候補ではなく、学内の教職員の投票によって選ばれます。理学研究科長を二年務めたことはありますが、大学運営はずぶの素人である私を今回総長に選んだ教職員たちは、おそらく大学の自治とアカデミックフリーダム（学問の自由）を守りたいと考えたのではないでしょうか。

数年前から文部科学省は大学、とりわけ国立大学のガバナンス強化を推進しようとしています。総長の権限を強めることで決議の決定を速やかに行えるような体制づくりを要望している。つまり、トップダウンの体制を要請しているのです。

しかし、大学という場所はそもそも企業とは違って、目に見える利益のために動いたり、何かを生産してお金を儲《もう》けることを目的としてはいません。「人をつくる」ための場所なのです。あるいは、常に社会に見える形で研究を行うところです。そういう一般に開かれたアカデミックな世界ですから、企業的な経営を求められると非常に困ります。

私は、総長とは大きな権限をもって大学を統治する役割を担うのではなく、むしろ「調整型」であるべきだと考えています。総長になってから改めて大学を眺めたときに頭に浮かんだのがジャングルでした。だから、総長就任後からことあるごとに言っているのです。「大学はジャングルだ！」と。

実際に大学とジャングルはよく似ています。ジャングルは生物多様性の最も高い場所です。その中で多様な生き物がそれぞれ独自のニッチ（生物の特性に適合する場所や役割）を構えて共存し、複雑な関係を保ちながら一つの生態系を築いています。大学にも専門分野があり、研究者たちは独自の研究をしています。それぞれに教育研究費が与えられたうえで、学際的なプロジェクトが展開し、人材が育っていく。

こんな表現をしたらお叱りを受けるかもしれませんが、研究者たちは各々ジャングルで暮らす猛獣です。猛獣たちを一つの方向に向かわせるなど、しょせん無理な話。それなら彼らに互いに切磋《せつさ》琢磨《たくま》してもらいながら、新たな考えや技術、思想を生み出してもらえばいい。実際のジャングルで常に新たな種がどんどん生み出されているように。そういう新たなものを生み出させることこそが、総長の役割だと私は考えているのです。

幸い私はアフリカのジャングルでゴリラに「餌付《えづ》け」をせずに、ただただじっと彼らの自然の生き方を尊重しながら仲良くなるという「人付《ひとづ》け」をずっと行ってきました。それなら、今度はフィールドをアフリカから京大に変えて、同じようなことをやってみようと。餌を与える代わりに縄を付けるのではなく、彼らの自主独立を尊重しながら共存を図ろうと考えたというわけです。

生物多様性以外にジャングルに必要なのは「太陽光」と「水」、つまり外からのエネルギーです。

大学にとって太陽光に当たる「資金」は、どうしても必要になります。それから、水も供給されなくてはいけません。これは「世論の支持」です。社会からの支持がなければ、大学は存続できないのです。

一方、学内はすぐに社会に役立つ学問のみならず、役に立つかどうか分からないような多様な知識や知恵を蓄積している場所でなければいけません。さもなければ、いざ世界がガラッと変わったときに対処法が浮かばず、持ちこたえられる社会をつくれなくなってしまいます。今までは通用しなかったとしても、やがて訪れる激変する未来において役立つかもしれない。そういう可能性をたくさん抱えていないと、社会や世界に対して貢献できないのです。

二〇一四年、オックスフォード大学准教授の、今ある職業が一〇年後には半減するという論文が話題になりましたが、今の社会に役立つ人材をいくら育てても仕事自体がなくなってしまうと意味がなくなるかもしれない。むしろ、一〇年後、二〇年後の社会はどうなっているのかを想像しながら、新しい学問や新しい仕事に適応する人々の能力を高めていったほうがいいわけです。そういうことを大学でやりましょう、と。これまでも「自由な学風」や「独創性」を貫いてきた京大だからこそ、未来の社会に向けてできることはたくさんあると思います。

京都の「おもろい」という思想

私と京都との出合いの入り口になってくれた京都大学との縁は、私の高校時代にありました。

東京で生まれ、東京で育った私が高校生のときに経験したのが学園紛争です。当時は友人たちと人生におけるさまざまな問題について激しい議論をするなかで、社会主義のマルクスやエンゲルスのような思想家の弁を借りて、あたかも自分の意見のように議論する人もいました。生意気なようですが、そうした東京の人たちにペダンティズム（学者ぶること）を感じてしまったのです。

「人間とは？」「社会とは？」と議論を交わすなかで、警察官の父親に絶縁を宣言する友人の存在などもあり、家族というアイデンティティに疑問を持つようにもなりました。今までの自分のことを一度白紙にしたいという気持ちもあり、新たな土地への憧れもあった。そこで、自由な学風だと聞いていた京大を受験したのが、私と京都との〝お付き合い〟の始まりでした。

京大に入ってからも、まだ学園紛争の嵐は収まらず講義どころではありません。しかし、幸いなことに京大には学内・学外を問わず、学生たちが自らつくった自主ゼミがありました。なかでも私にとって魅力的だったのは人類学研究会の自主ゼミ、通称「近衛《このえ》ロンド」です。

京大南端にある近衛通に面した楽友《らくゆう》会館で、霊長類学の始祖である今西錦司《いまにしきんじ》さんや私の先生の伊谷純一郎《いたにじゅんいちろう》さん、民族学者の梅棹忠夫《うめさおただお》さん、哲学者の上山春平《うえやましゅんぺい》さん、学生にはのちに社会学者になる上野千鶴子さんや元滋賀県知事で環境社会学者の嘉《か》田《だ》由紀子さんもいらっしゃった。今思えば、それは豪華な顔ぶれで、文化人類学者のレヴィ＝ストロースの著書などを題材に、白熱した議論が尽きませんでした。ちなみに「ロンド」とは円卓という意味ですが、リーダーを立てずに思いついたことを自由に話し合える、まさにサロン文化の象徴のような空間でした。

私も三回生のときには、仲間と「人類生態学研究会」という自主ゼミをつくりました。

京大の特徴の一つとして、サロン文化が根づいていることが挙げられると思います。京大というよりも京都の街で育まれた風土なのかもしれません。

私が東京出身だからとくに強く感じるのかもしれませんが、議論をしようとすると、どうしても東京では対論、つまりディベートになることが多い。ディベートになってしまうと、自分の意見を主張し、相手の主張を聞き、どちらが正しいかと白黒つけたり、自分の論で相手をやり込めるような〝対決〟のスタイルになってしまいます。

一方、京都のサロン文化はダイアログ。つまり対話です。自分の意見はもちろん主張しますが、相手の言うことをじっくり聞きながら、自分の主張を変えていくこともしょっちゅう起こります。そうやってお互いにどんどん変化しながら、共に新たな提案をしていくのです。「おっ！　それ、おもろいやんか」と。

京大のキャッチフレーズを「おもろいことをやりましょう！」にしたということは「はじめに」で述べましたが、この「おもろい」という発想こそ、京都ならではだと思います。相手に耳を傾けさせるような意見を言う。相手に「おもろい」と思わせる。対立して勝ち負けを競うのではなく、共同作業によって、さらに「おもろい」ことを提案していくという対話。

「私はこう考えていますけど、どうでしょう？」とある人が意見を言う。対して、「いやいや、それもおもろいけど、このへんはこうしたほうがいいと思うんやけど……」と提案する。そこで「たしかに、それ、おもろいですな」という感じでやり取りが続いていく。サロン文化のシンポジウムなどでは意見を言っているほうも、聞いているほうも、新しいことを創り上げるための共同作業だという意識があるから、どちらにせよ楽しいのです。

たとえ相手の意見に総論としては反対であっても、あえて「反対」とは口に出さずに、汲《く》むべきポイントを探す。「この部分はおもろいですな」というように、対決色を前面に出さない対話なのです。


この京都特有の対話のスタイルは、もしかしたら京都の町のサイズと無関係ではないかもしれません。東京であれば、相手とケンカをして絶交してしまえば、たいていは会わずに済ませることができます。ところが、京都の町は東京ほど広くはないので、ふらっと入った飲み屋で絶交中の人とばったり会ってしまうこともある。大人ですから、たとえ本心では二度と顔も見たくないと思っていても、会えば挨拶《あいさつ》ぐらいはしないといけません。だからこそ、京都の人たちは「本音」と「建前」を上手に使い分けてきたのではないでしょうか。

ただし、表向きははんなりしていても、生粋の京都人には相手が完全に拒絶しているかどうかが分かると言います。「おおきに」という言葉一つとっても、イントネーションによって意味が変わってくる。東京育ちの私にはそこまで汲み取れないから、かえって京都の社会の中で多少図太くやっていけるのかもしれません。今までそれを京都の人たちは大目に見てくれていたのかもしれませんね。

ただ「おもろい」という思想は、裏を返せば、おもろなければ取り合ってもらえないというシビアさを持ち合わせているということでもあります。価値のあるなしではない。役に立つかどうかでもない。おもろいか、おもろないかが肝心なのです。「おもろい」というのは「おもしろい」という言葉とは違って、やっぱり「おもろい」としか言いようがないものなのです。「おもろい」には共有感があるとでも言うのでしょうか。

それは分野の違う人にも「おもろい」と思わせるという意味です。たとえば、文理融合で社会学的なテーマに取り組もうとしている人がいたとして、理科系の人が見ても「それ、おもろいやん」と言わせるようなもの。みんなに「おもろい」と言わせること。自分の言ったことで誰かが笑ってくれたり、喜んでくれたりすることが何よりも嬉《うれ》しいと考えるような、関西的な発想がそもそもの土台にあるのかもしれませんね。

あとにも述べますが、じつはこの「京都式」こそがこれからの世界で求められるコミュニケーション、思考の大きな流れになる要素を持っていそうです。

アートの発想で垣根を越える

では、分野を横断するような研究を進めるときに、異分野の人にも「おもろい」と言わせるにはいったい何が大事なのか。私は「アートの発想」が鍵を握っていると考えています。

目には見えないものを表現すること、現実にはないものを表現すること、そして人をわくわくさせるようなもの、考えを深めたり、発展させたりするようなもの。それがアートではないでしょうか。

二〇一五年四月から「京大おもろトーク」というイベントを始めました。第一回は大蔵流狂言師の茂山千三郎《しげやませんざぶろう》さんと、アーティストの土佐尚子《とさなおこ》さんと私の三人で「垣根を越えてみまひょか?」というテーマで公開トークをしたのです。

「垣根を越える」とは、私にとっては、たとえば野生のゴリラの群れの中に入ってゴリラのように行動すること。最初は群れのあとを追っても逃げられたり、ドラミング（両手で胸をたたいて音をたてる行動）で威嚇《いかく》されたりしますが、やがて関心を持たれなくなり、私がそこにいることを許してくれるようになります。すなわちそれが私がゴリラの振る舞いができるようになったと、彼らから認められた状態で、ゴリラと人間の垣根を越えたということです。

ゴリラになった目で人間を眺めてみると、人間がとても不思議な動物に見えてきて、いつもとは違う発想がどんどんあふれ出てきます。瑞々《みずみず》しい新葉がまるでご馳《ち》走《そう》のように映ったり、枝ぶりのいい木を見ると、「あの木はベッドをつくるのにお誂《あつら》え向きだな」と考えていたりする。

アートの起源は何かに憑依《ひょうい》して、その心になって世界を見つめ直すことだと私は思います。つまり「垣根を越えた」感覚は、アートの発想に繋がるのではないでしょうか。

茂山千三郎さんには二〇一二年に猿楽《さるがく》ならぬゴリラ楽という創作狂言を演じてもらいました。ゴリラは脚より腕が長いので、腕を真っすぐ地面に立てると自然に上半身が起きて威風堂々とした構えとなる。腕が短い人間が真似するには、なかなかきつい姿勢です。

ところが、千三郎さんがおっしゃるには、ゴリラの姿勢は狂言の基本的な構えに近いそうなのです。ということは、狂言を演じることがすなわちすでにゴリラの垣根を越えているとも言えるわけで、思わず感心してしまいました。

千三郎さんが狂言の垣根として挙げられたのは、世阿弥が言うところの「離見《りけん》の見《けん》」、すなわち離れたところから自分をもう一度見るということでした。客席に立った目で舞台上の自分を見ることによって、冷静な表現を磨くのだ、と。たしかに、そうした目がなければ、アートも、「おもろい」という発想も成立しません。

そして、もう一人の参加者であるメディアアーティストの土佐尚子さんは絵の具に高速の振動を与えて撮影する現代技術を使い、プロジェクトマッピング（プロジェクターなどを使って建物や空間に映像を映し出すこと）を制作し、風神雷神《ふうじんらいじん》伝説を京都国立博物館の壁面に光の芸術として蘇《よみがえ》らせるという作品を創られた方です。

これは昔の呪術のようなもので、普段われわれが持っている合理性を解き放って生命力を発散し、共有する場をつくることだとおっしゃいました。土佐さんにとっての垣根は合理性と非合理性の境界。先端技術と芸術の融合でその垣根を越えることが文化の継承にも繋がっています。桃山時代後期に興《おこ》った琳派《りんぱ》のような伝統が守られ続けてきたのは、時代ごとに新たな技術を使って革新してきたからだ、というのが土佐さんの意見でした。

ここにアートにとって大事なオリジナリティという精神が潜《ひそ》んでいます。誰もが少なからず他人の発想や考えに学んでいますが、それをただ真似ることはもちろんご法度《はっと》で、何か独自のものを加えて新たな作品にしなければなりません。

これは科学の世界にも共通することで、未知のものやオリジナリティがあってこそ、発見として認められます。これに関しては、私が京大に入ったころから先生や先輩方から散々言われてきたことでした。

とりわけ京都では自分の考えをきちんと述べることが求められ、他人の言っていることをそのまま紹介しても受け入れてはくれません。「誰かがこういうことを言っていますよ」と言うだけではなく、それに加えて、あるいは組み立て直して、私はこういう考えをつくりましたと言わなければ、「それは〝あなた〟の考えではありませんね」と一蹴されます。学生時代から非常に厳しい突っ込みを受けてきました。「で、あんたはどう思ってんねん？」と。

アートとサイエンスは一見、離れているように見えるかもしれませんが、他者とは違う発想によって自分の世界観や解釈を表現したいという共通の心が息づいていることをお二人と話しながら再認識しました。

最近は技術を偏重する傾向がありますが、アートの心で垣根を越えることで、新しい常識を生み出すサイエンスが生まれるのではないでしょうか。それはサイエンスに限らず、すべての学問に通じるはずです。アートの発想を採り入れることによって、もっと大学を「おもろい」場所にしていきたい。そう思っています。

「外力」をうまく使う京都の人々

京都で表立って活躍している人たちを見ると、案外、地元出身の人は少なくて、外から来た人たちが多いことに気づきます。

たとえば、日高敏隆《ひだかとしたか》さん。著名な動物行動学者ですが、活躍されたのは一九七五年に京大の教授になられて以降。それ以前に東京農工大の教授をされていたころは、失礼な言い方をすれば、どちらかというと梲《うだつ》があがらないほうだったそうです。

ちょうど日高さんが京大に来られたころ、私は大学院に入学しています。何度か日高さんの授業には出たことがありますが、研究について直接指導を受けたことはありません。

印象に残っているのは日本アフリカ学会の特別講演でご一緒したときのことです。当時、私は伊谷さんの影響をかなり受けていたこともあって、半ば強迫観念とも言えるほどに、常に新しいことを言わねばならぬ、人の受け売りや繰り返しは良くないということにとらわれていました。そこで「講演や発表でいつも違うことを言わないといけないのは大変ですよね」と言うと、日高さんは私に違う角度から風を送り込んでくれたのです。

「自分が本当に大事だと思うことは繰り返し言いなさい。そうしないと人には伝わらないよ」と。そのときに、ああ、だからこそ日高さんは学問をみんなでつくることができたのだと気づきました。自分が大切だと思うことを、いろいろな人たちに分かりやすい言葉で何度でも語りかけてきたのだな、と。その言葉によって私の躊《ちゅう》躇《ちょ》がふっきれたことを今でも覚えています。

先ほども言ったように、今は大学という学究の場であっても、すぐに産業界に役立つような研究が求められがちですが、日高さんは「どのように（HOW）」役に立つかではなく、常に自然の現象を「なぜ（WHY）」という疑問詞で語っていました。

考えてみると、「なぜ？」という疑問を持つことは、子どものときに誰しもが必ず通る道です。「なぜ？」を問うと、そこにはストーリーが不可欠になってきます。日高さんは出合った疑問を一つひとつ解説して、自分の考えのみならず、相手と共有しながら討論する。こんな喜び他にないだろう？　と思っているような方でした。マスコミや芸術家など、さまざまな異ジャンルの人たちと手を組み、「なぜ」に対するストーリーを紡ぎ出していった人。とても軽やかに生きていらっしゃったという印象が強く残っています。

日高さんのほかにも、ノーベル物理学賞を受賞された益川敏英《ますかわとしひで》さんや数学者の森毅《つよし》さんなど、外から来て京都で活躍された方は少なくありません。

どうやら京都人は外から来た人を自由に遊ばせながら、その人の能力をうまく利用することに長《た》けているようです。「まあ、せいぜいおきばりやす～」という感じでしょうか。もしかしたら、彼らの戦略なのかもしれませんが、利用されている本人はいたって楽なのです。

相手を無理やり潰《つぶ》すのではなく、良いところは拾っておこうという議論の仕方にもそれが表れています。繰り返しますが、京都流の議論は「おもろい」ものを見つけるためにあるものですから、固定された答えのない、本来もっとしなやかで楽しいもののはずなのです。

そのためには自分の意見をただ主張するのではなくて、相手に分かるような、相手の意見をうまく引き出すような言い方をすること。

たとえば「○△を発見しました！」と報告を受けて、「それってどういうことなの？」と聞くよりも、「で、おもろいことはなんだったの？」と聞くほうが、本質を突いていると思いませんか？ みんなに分かるように、しかも「おもろい」と思わせるように説明してね、ということですから。

今、京大で取り組んでいるグローバル人材の育成は語学力の向上なども必要ですが、一番重要なのは相手を感動させる能力だと思います。それは相手に「おもろい」と思わせることでもあるわけです。

「おもろい」と思わせるには、言葉以外のあの手この手も必要です。あるいは、「この人、素敵だな」と思わせた者勝ち。もっと話したい、これからも付き合っていきたいなと思わせる力。翻《ひるがえ》って、それが自分の身を守ることにも繫がっていくのです。

アフリカでのフィールドワークもそうですが、海外では調査のために一人で危険な場所に足を踏み入れなければならないこともあります。見知らぬ土地で自分の身を守るためには、誰かの助けが不可欠です。こいつを殺して金を奪ってやろうと近づいてくる人がいるかもしれない。だから、相手にそういう気持ちを起こさせないように持っていくこと。人を雇うときには「こいつはお金を持っていそうだな」と思わせないと付いてきてもらえませんが、それと同時に、お金のためにこいつを殺すのは少々惜しいと思わせなければいけません。

つまり、こいつは嚙《か》めば嚙むほど味が出ておもろそうやで、と思わせることです。もし、その人の魅力が「お金」しかなければ、自分たちの身に危険が及んだときに、あり金全部奪われて、とっとと逃げられてしまうかもしれない。「こいつは手離せない。ちょっと側《そば》に置いておきたいよな、おれの友だちとして」と思わせないとダメなんです。お金や権力ではない、何がしかの価値があると周りの人に思ってもらうこと。

同時に、相手にも「あいつはオレを必要としている」と思ってもらうことです。さらに、きちんと仕事をすれば、「あいつはもっと自分を真剣に見てくれる」というように、向こうの出方によってはこちらも変わるというような余地をつくったほうがいい。そうしないと、お互いの関係が単なる情報やお金のやりとりだけになってしまいます。ちょっと押してみたら、ひょっとしたら何かをやってくれるかもしれない、何か起こるかもしれない、という期待感。

そのあたりの可能性も含めて、簡単に計算できないような「未知数」を持っていることが人間の魅力に繋がっていくのです。

そういう人をつくる場として、京大が貢献できる教育的な意味はとても大きいと思っています。私が学生のころは、大学で未知数を持った人々にたくさん出会いましたし、そんな教育の土壌がある京大で学べたことは私にとっても幸運なことだったと思っています。

第2章 考えさせて「自信」を育てる

京大自然人類学教室の「子捨て主義」

一九七八年七月、夜明け前のコンゴ民主共和国（当時はザイール）のキンシャサ空港で、私はいつ飛び立つかも分からない飛行機をただひたすら待っていました。出発を知らせるアナウンスが流れると、同じように飛行機を待つ人たちがイス取りゲームよろしくいっせいに搭乗口へ走ります。オーバーブッキングしているため、座席の争奪戦なのです。早口のアナウンスに行き先が聞き取れず、私もアナウンスのたびに荷物の詰まったトランクとリュックサックを持ってとりあえず走りました。行き先が違うと分かったら、また荷物を手にして待合場所へと戻る。もう同じ道を何度往復したでしょうか。

なにせ泥棒の多いところなので、荷物は肌身離さず持っていないといけませんし、詐欺師も多いので片時も気が抜けません。薄暗いなか、待合場所と搭乗口を何往復もした挙句、その日はとうとう私が目指すブカブ行きの飛行機が飛ぶことはありませんでした。出発できたのは翌朝のこと。ずっと憧れていたアフリカでの初めての調査は、こんなふうにして幕を開けたのです。

ことの発端は、霊長類学の研究者で私の指導教官だった伊谷純一郎さん（一九二六〜二〇〇一年）の「ゴリラの調査をやってみないか？」という一言でした。当時はまだ本格的にゴリラの調査に入った日本人はいませんでした。一九五八年から六〇年にかけて三度にわたり、日本からゴリラの調査隊が出たものの、思うように調査は進まなかったのです。

折悪《あ》しく、六〇年に伊谷さんがゴリラの調査に向かったときには、すでにコンゴは内乱状態。ゴリラの調査を断念した伊谷さんはその足でタンザニア連合共和国（当時はタンガニーカ）に向かい、そこでチンパンジーの調査を始めることになったのです。のちにそのときの調査について書いた『ゴリラとピグミーの森』（一九六一年　岩波新書）を読んだことも一つのきっかけとなって、私が霊長類研究の道へ進むのですから、不思議と言えば不思議な巡り合わせです。

ちょうど伊谷さんがチンパンジーの調査をしているころ、アメリカの動物学者ジョージ・シャラー（一九三三年〜）と、その研究を受け継いだダイアン・フォッシー（一九三二〜八五年）によって、コンゴの隣国ルワンダでゴリラの研究の道が拓《ひら》かれていきました。ゴリラへの夢が再燃した伊谷さんからの提案を受けたのが、当時学生だった私というわけです。

「先生」と言っても、私が伊谷さんからフィールドで直接指導をしてもらった記憶はありません。先輩や教員はフィールドまでは連れて行ってくれることはあっても、そこで学生を放り出す。われわれはこれを京大の「子捨て主義」と呼んでいました。あとは自分で何とかしてね、というわけです。

それに新しいことに挑戦しようと思ったら、先生や先輩が手を付けていないフィールドに行くしかありません。必然的に一から自分で始めなければいけないということです。村長との交渉やトラッカー（森の案内や動物の追跡をする者）の雇用のような折衝を行い、基本的な情報を集めながら、今後の調査の可能性を探っていく。それらを全部一人でやるのです。

そうこうしているうちに、日本とは違う現地の波に洗われ、現地の風のおいしさを知り、現地の人たちの側、あるいはゴリラなり、チンパンジーなり野生動物の側に立って、世界を眺められるようになってくる。それを身をもって経験させるのが、伊谷さんの教えでした。

現場が学校

初めてのゴリラの調査でも、もちろん伊谷スクールの教育に則《のっと》って、私は見事に「子捨て」されました。霊長類学者の加納隆至《かのうたかよし》さんがボノボ（チンパンジーの仲間）の調査隊をコンゴに出すというので加えてもらい、首都キンシャサに着いてからは一人でゴリラの調査に向かったのです。

当時、約二二〇頭のゴリラが暮らしていたカフジ山（標高三三〇八メートル）は、空港のあるブカブから車で四時間ほど走ったところにあります。

まずはキンシャサの国立公園局で手に入れた調査許可証を携え、ゴリラが棲むカフジ＝ビエガ国立公園の自然保護官に挨拶に行きました。

そのころ、カフジ＝ビエガ国立公園では観光客目当てにゴリラツアーが行われていました。そもそもこのあたりに棲むヒガシローランドゴリラの保護を目的につくられた公園には、観光客に見せている、ちょっと人馴《ひとな》れしたゴリラのグループが二つありました。通常、ゴリラはリーダーとなるオス一頭と複数のメスや子どもを加えた一〇頭から二〇頭の集団をつくりますが、シルバーバック（大人になり、背中の毛が白くなったオスのゴリラのこと）のムシャムカが率いる四二頭もの大所帯と、同じくシルバーバックのまだ若きマエシェが率いる二〇頭ほどのグループです。ツアーは当日、近くにいるどちらかのグループまで観光客を案内し、一時間だけゴリラを見せるというスタイルを取っていました。私に許された調査の期間はわずか半年。そこで私は少しは人馴れしているこの二群を調査しようと考えていました。ところが、自然保護官は「これは観光客に見せるものであって、調査の対象にするものではない」と取り合ってくれません。運が悪いことに、彼は大の研究者嫌いだったのです。以前、ダイアン・フォッシーにゴリラについて教えを請いに行ったところ、あっさり断られたことをずっと根に持っていたことが原因でした。

保護官が私にしてくれたことと言えば、おそまつな手書きの地図と、「まあ、せいぜい頑張って」という励ましの言葉をもらったことぐらい。ほかには何もありません。

あらかじめ現地に送っておいた頼りのバイクも、ぬかるんだ道に車輪がとられて思うように移動ができません。しかし、せっかく降り立ったアフリカの地で何とかして調査を続けなければと、かつては狩猟採集をして暮らしていたピグミー（アフ

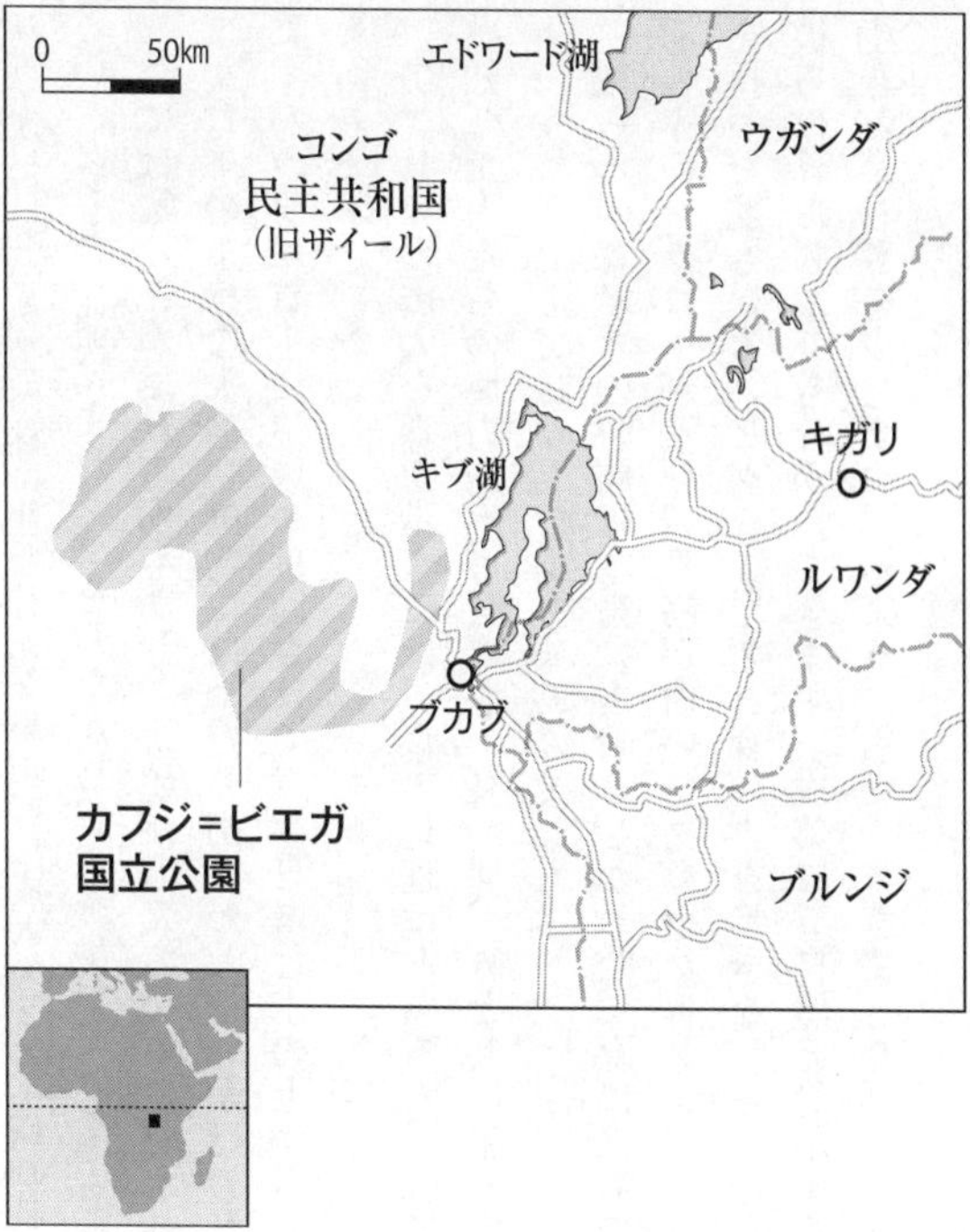
0
50km
エドワード湖
コンゴ
民主共和国
(旧ザイール)
ウガンダ
キガリ
キブ湖
ルワンダ
ブカブ
カフジ=ビエガ
国立公園
ブルンジ

リカ赤道付近の熱帯雨林に住む狩猟採集民で、成人男子の平均身長は一五〇センチに満たない）たちと一緒にキャンプをしながら、森を歩いてみることにしました。

森には触るとかぶれる木もあり、毒蛇が潜んでいることもあります。ゾウやバッファローのような大型の動物にばったり出くわし追いかけられることもある。実際に、バッファローに追いかけ回されて、半日ほど木の上から下りられなかったこともあります。

アフリカの広大な森を歩くには、森の地理はもちろん、森で生きる動物や植物を熟知した人たちの協力が不可欠です。長い間、森と共に生きてきたピグミーたちはトラッカーとしては申し分ありませんでした。

彼らとの森歩きの時間は本当に素晴らしかった。森には嘴《くちばし》の大きなサイチョウや羽の赤いタラコウが飛び、鼻筋が白いフクロウグエノンというサルや色鮮やかな羽を持った蝶もいる。ピグミーたちと森の中を歩きながら、彼らの言葉を覚えていき、彼らの暮らしぶりも分かってきます。次第に、自然と対話する方法や五感を使って生きる楽しさを少しずつ知るようにもなってきました。

ところが、肝心のゴリラに関しては森の中でチラッと姿を見ることができた程度。調査は足踏み状態のまま、カフジ山に来てから一カ月ほどが過ぎようとしていました。

そんなある日、毎晩のように公園の詰め所で一緒にお酒を飲んでいたピグミーたちが「オレたちがゴリラの調査の許可が下りるよう、自然保護官に掛け合ってやる！」と言ってくれたのです。当時、観光客をゴリラの元に連れて行くのは、やはり森や動物のことをよく知るピグミーたちの仕事でした。ゴリラツアーは彼らが先頭に立って森を切り開くことで成立していたのです。しかし、「ヤマギワにゴリラを見せてやりたいんだ！」と彼らが頼み込んでも、保護官は首を縦に振りません。

そこで、とうとうピグミーたちはストライキという実力行使に打って出ました。慌てた保護官が、しぶしぶ観光客が見ている間だけ、私にもゴリラを見ることを許してくれたのです。

とは言っても、ゴリラに近づけるのは一日わずか一時間しかありません。私はさらに長い時間ゴリラを見ることを要求し、これもピグミーたちの協力によって承諾をもらうことができました。最終的にはツアーの日に観光客に見せていないもう一方の群れを調査する許可をもらうところまで漕《こ》ぎ着けたのです。

それからというもの、私はピグミーたちとゴリラの群れの近くにテントを張って追跡を始め、ようやく調査のスタートラインに立てたのです。このとき、自分のやりたいことをいかに相手に伝えるか、そして味方をつくることがいかに大事かを思い知りました。

私にとっての最初のゴリラの調査は、初めから試行錯誤の連続だったのです。

There is no problem. There is a solution.

また、のちのザイールでの調査のときには、フィールドワークの調査許可証さえなかなかもらえないということもありました。許可を取ろうにもまず大臣に会えない。会いに行っても、「あいにく大臣は出勤していません」と職員に言われ、いつも門前払いをくらうだけです。でも、諦めるわけにはいきませんから、何とかして大臣から調査許可をもらうべく孤軍奮闘を始めました。

アフリカの人たちは「There is no problem. There is a solution.」と言います。どんな困難に直面したとしても、必ず解決策があるという意味です。問題はいつか解決

カフジの森（コンゴ民主共和国）で現地の人たちとキャンプをする著者（左端）

する。そこには解決があるだけだ、と。だから、解決に向かって歩けばいいんだ、と。ならば、やるべきことは決まっています。解決の可能性がありそうな道を一つひとつ当たっていくだけです。

初めに私が考えたのは、大臣と同じ親族出身の人を探すことでした。しかし、なかなか見つかりそうになかったため、大臣と同じ出身地の人を探し始めました。聞き込みを重ね、ようやく探り当てた同郷の人にツテをたどってもらって、大臣がよく出没する場所を聞き出すことに成功したのです。

アフリカでは、地位のある人たちがレストランで食事をすることはほとんどありません。自分の懇意にしている家でコックを雇って、食事をしながら要人と大事な話をする。オフィスに顔を出すのは週に一日程度で、しかも、こっそり行って必要な書類にだけサインをしてさっさと帰ってしまいます。オフィスに舞い込んでくる依頼に煩《わずら》わされないために、彼らはそういう仕事の仕方をしていました。

つまり、正攻法で行っても調査許可証の案件は大臣の耳まで届かないということです。まずはどうにかして依頼を伝えなければ先には進めません。そこで、手始めに大臣がよく顔を出す家のメイドやコックに近づき、一緒にお酒を飲んで仲良くなりました。そして、だんだんと距離を詰めていき、とうとう「この日、大臣をちょっと手引きしてくれよ」と頼むところまでいきました。もちろん大臣に会うときには手土産（このときは京都の扇子だった）を忘れてはいけません。

やっと「OK。サインしてもいいよ」と大臣が言ってくれたときには、ここに至るまでの長い道のりと、ようやく調査に向かえるという安堵《あんど》感に、ほっと胸をなでおろしたものです。

このときは調査許可証を取るだけで、実に三カ月もかかりました。当時の私のように一介の学生が何のツテもなく調査を行おうと思ったら、思うようにいかないことばかりでした。

ただ、こういう根回しができるのも、人と人との繋がりを大切にする世界がまだ残っているアフリカだからこそ。たとえば、「私、東京の出身なんですよ。知人にこういう人がいて……」「ああ、その人なら知ってる！」というような話ができれば、アフリカの社会ではもうそれで十分。困ったときには「ちょっとお金を貸してくれないか？」という相談も持ちかけられます。人と人との繋がりやコネクションが前提にある彼らの社会では、関係性によって人々が守られているのです。

翻って、日本は人との繋がりによって自分を守る必要がなくなってしまいました。逆に、生身の人との繋がりなんて鬱陶《うっとう》しいというネガティブな要素のほうが強くなっていますから、人と人との繋がりを大事にすることが回り回って自分を助けてくれるとはみんな考えません。そういう点からも対人力を鍛える機会が失われているのかもしれません。

コネ社会における短所ももちろんあります。でも、繋がりが見えなくなるということが、人々の孤独感を深めるという現実もある。アフリカなら同じ地域の出身というだけで無条件で繋がれます。こうした〝無条件の繋がり〟が簡単には得られなくなってしまったことも、今の私たちの不安のもとをつくり出しているのかもしれません。

今は当時とはだいぶ状況が変わり、学生がフィールドワークに行くときには、指導教員が調査許可を取ってくれるし、たいていの場合、まずは日本人が調査しているフィールドで仕事をすることになりますから、最初からすべて一人で道筋を付けることは滅多《めった》になくなりました。

でも、右往左往しながらも、さまざまな人たちの協力を得て、一つひとつ可能性に当たっていけば、いつかは解決がもたらされる。まさに「There is no problem. There is a solution.」です。ゆっくりした歩みではありますが、どうしたら周りの人たちの力を借りられるかと画策して、自分のやりたいことを達成するという経験が「これからも、何とかやっていけそうだ」という感触に繋がったことは、私の中で非常に大きな力になったのです。

味方をつくるより、敵をつくらない

しかし、時と場合によっては、味方をつくることが自分の身を危険に晒《さら》すこともあるので、状況を見極めることが非常に重要です。とくに異国の地やまったく知らない人間に取り囲まれたときには、自分が今どういう状況にいるのかしっかり見極めたうえで行動しないといけません。

東アフリカには、現地の共通語であるスワヒリ語で〝ソコ〟と呼ばれる定期市があります。時には〝ソコ〟の調査に行くこともありますが、市場は泥棒の巣窟で、ちょっと油断するとすぐに何かを盗《と》られてしまう。ポケットにお金など入れていようものなら、確実になくなると思ったほうがいいような油断ならない場所です。だから、市場を見回っている間は、見張っていてくれる仲間と連れだって歩かないといけません。

では、運悪くどうしても一人で行かなければならない場合はどうするか――。マーケットにいる一番悪そうなヤツと交渉して、そいつと一緒に歩くのです。だいたいそういう悪そうなヤツは外国人の私を騙《だま》そうと思って、何も言わなくても向こうから近づいてきます。そのなかからとびきり悪そうなヤツを選ぶ。そして、彼を信頼したふりをして「マーケットを案内してくれたら案内料を払う」と話を持ちかけます。

私がマーケットで知りたいのは、ブッシュミートと呼ばれる、不法なサルやゴリラの肉を売っている場所です。不法な商売は通常、表には出てきませんから、地元の人でも知らないことが少なくありません。悪そうなヤツは、悪いことも、悪い仲間もよく知っていますから、「蛇《じゃ》の道は蛇《へび》」ではないけれども、こちらもある程度の危険を冒《おか》して調べる手立てを探すほかない。

それに、マーケット内で一番悪そうな人と歩いていれば、他の人は私に手出しできません。一緒に歩いている間は、むしろこちらの身は安全というわけです。問題は最後。交渉場所には、たとえば宿泊先のホテルのロビーのように人目が十分にあって、確実に安全な場所を選びます。

おそらく相手は私の様子を見ながら、頭の中で算盤《そろばん》をはじいています。仲間と一緒に私を追い詰め、その場であり金全部奪ったほうがいいのか、それともまだ引き出せる金がありそうだから、とりあえずは言うことを聞き、交渉によってお金をつり上げるほうが得なのか、と。それを相手に計算させるように振る舞うのも一つの危機管理。時には自分を追い込み、相手の立場に立って、向こうがどう考えるかを計算することが自分の身を守ることになるのです。要は自分をどんなふうに相手に見せるか、というのも戦略なんですね。

交渉のときには、法外な値段に取り合う必要はありませんが、完全に敵対関係になってしまうと、別れたあとに報復を受ける恐れがありますから、どこかで相手に納得してもらわないといけません。近くに自分の仲間がいない場合は、実は味方をつくるよりも敵をつくらないほうが得策なんです。

味方は私を親切に助けてくれますが、その人の敵をもセットでこちらが引き受けることになりかねません。「味方をつくること＝敵をつくること」だということは、頭に入れておいたほうがいいでしょう。だから、あまり特定の人とばかり親しくなりすぎないように、でも、人から恨まれないよう気を配りながら、敵をつくらないことが第一です。

それに、味方ができると何から何までやってくれますから、人任せになってしまう危険性もある。すると、その人がいなくなったときに、自分では何もできなくなる恐れがあります。自らもすべてに顔や口を出しながら、手伝ってくれる人はいるけれど、完全な味方ではないという状況をつくり出すことが実は重要なのです。味方がいないということは、いろいろな人に近づいてきてもらえるということでもあります。少数の味方をつくることでその人たちがブロックになって他の人が近づいて来てくれないということも起こり得る。それは、自分にとっては決して幸福なことではありませんよね。あえて、味方をつくらないでいるということも、いろいろな可能性を保つうえでは必要なのです。

遠回りに見えて、実は近道かもしれない

一九八二年当時、私はゴリラ研究のパイオニアとして成果を上げていたカリソケ研究センター（ルワンダ共和国）にいました。ルワンダ共和国、ウガンダ共和国とコンゴ民主共和国の三国にまたがるヴィルンガ火山群に暮らすマウンテンゴリラの調査をするためです。マウンテンゴリラは、私が初めて出合ったカフジ山に棲むヒガシローランドゴリラと同じヒガシゴリラの亜種で、漆黒のモシャモシャした毛を持つ丸っこい体つきをしたゴリラです。

カリソケ研究センター（ルワンダ共和国）での著者（右端）

カリソケ研究センターは、一九六七年にアメリカ人の女性研究者ダイアン・フォッシーによって三〇〇〇メートルの高地に設立されました。フォッシーはゴリラたちの警戒心を解くために、まるでゴリラのように行動しました。ゴリラが草を食べれば、自分も同じように食べ、昼寝をしたら、自分も草の上に寝転ぶ。そんな姿を見たゴリラたちは、次第に彼女が近くにいることを許すようになり、とうとうゴリラのほうからフォッシーに触れるまでになりました。

彼女は個々に違うゴリラの鼻紋《びもん》（鼻の中央に刻まれた皺《しわ》の形）をもとに個体を識別し、名前を付けて、ゴリラたちが日常をどうやって送っているのか、グループ内にはどんな関係があるのかを突き止めようとしました。

さて、最初に私が調査を行ったカフジ山では、ピグミーたちが尽力してくれたものの、本格的なゴリラの調査とまではいきませんでした。もしゴリラを確実に見たいと思ったのならカフジ山ではなく、すでにゴリラの接触に成功し、研究が進んでいたダイアン・フォッシーのもとを訪ね、調査に加えてもらえるようお願いしたほうが話は早かったかもしれません。でも、おそらくカフジ山での経験があったからこそ、ヴィルンガのカリソケ研究センターの調査に加えてもらえたのではないかと思うのです。

指導教官の伊谷さんからの紹介で、ケニアのナイロビにあるニュースタンレーホテルで最初にフォッシーに会ったとき、彼女はカフジではどうやってゴリラを人に馴らしているのか、しきりに聞きたがりました。他の地域で私が多少なりともゴリラを見ていたことが、思いがけず彼女の興味を惹《ひ》いたのです。そして、「グフーム」というゴリラの挨拶の声を真似できるか、というテストにどうにかこうにか合格し、私は晴れてヴィルンガのマウンテンゴリラたちに合うことがかなったのです。

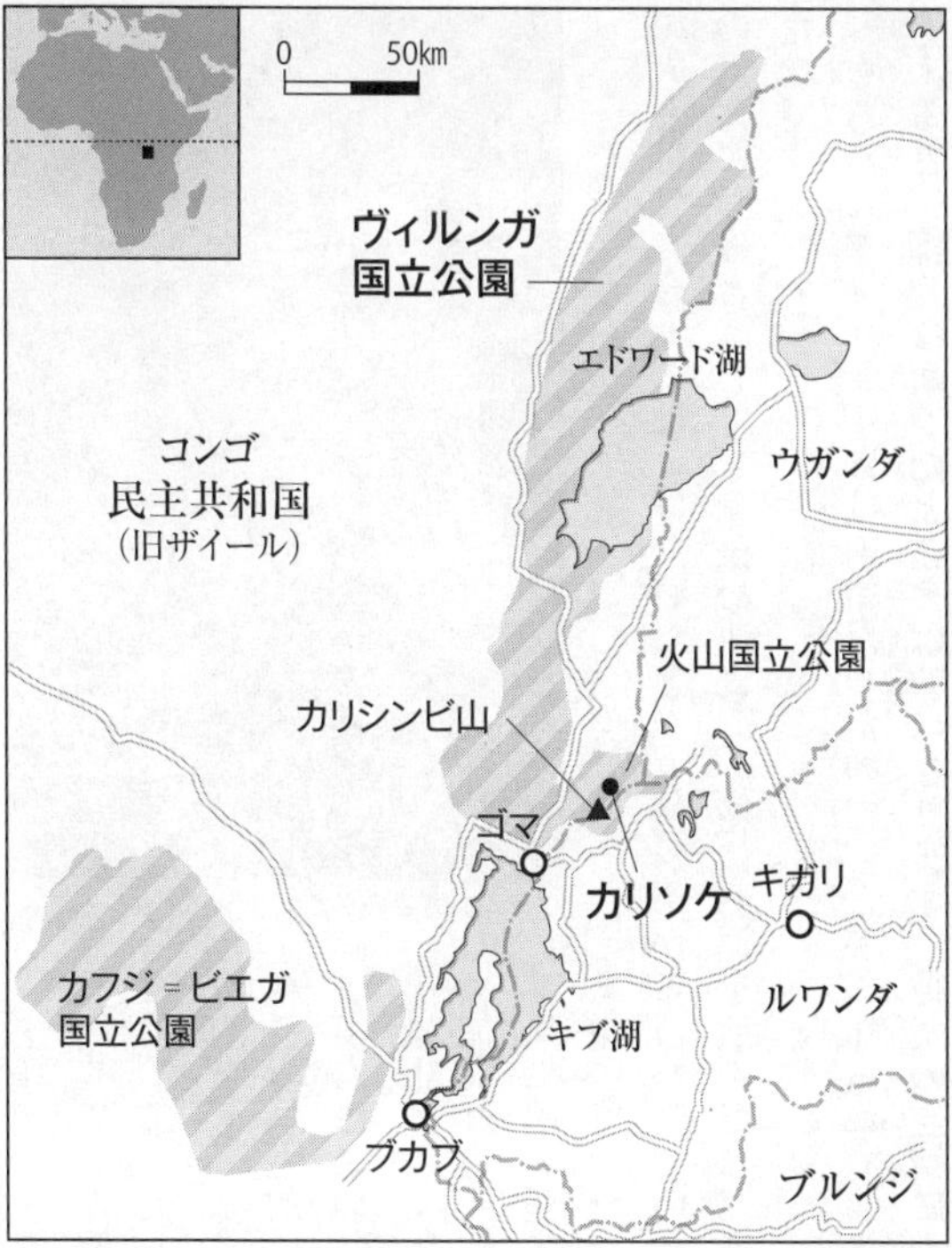
0
50km
ヴィルンガ
国立公園
エドワード湖
ウガンダ
コンゴ
民主共和国
（旧ザイール）
火山国立公園
カリシンビ山
ゴマ
カリソケ
キガリ
カフジ＝ビエガ
国立公園
ルワンダ
キブ湖
ブカブ
ブルンジ

ヴィルンガでのダイアン・フォッシー

ダイアン・フォッシーは彼女をモデルにした映画『愛は霧のかなたに』（一九八八年　アメリカ）で描かれているように、少女のように純粋で魅力的な人物だった半面、とても激しい気性の持ち主でもありました。

彼女は地元の人によるゴリラの密猟に頭を悩ませ、地元の人たちを嫌っていたために、私も「現地の人とは付き合ってはいけない」とフォッシーから言われていました。しかし、その考えに私はどうしても馴染《なじ》めずに、一緒にお酒を飲んだり、話をして過ごしていたのです。

もちろんフォッシーには内緒だったので、万が一知られてしまったときのことを考えると、怖くなかったと言えば嘘《うそ》になります。彼女の逆鱗《げきりん》に触れるかもしれないし、最悪の場合、せっかく加えてもらったチームから追放されるということも考えられる。でも、それならそれでしかたのないことだと思ったのです。現地の人たちと付き合うほうが正しいと自分で思ったのなら、それを選ぶしかない、と。

ちょうどフォッシーは学位論文を書くためにアメリカのコーネル大学に戻っていましたから、私は月に一度ゴリラの研究のレポートを提出するぐらいで、彼女と直接会うこともなかった。だから、ある程度自分の思うように行動できたのです。

これは、私にとっては幸運でした。彼女から直接、指導を受けられなかったのは残念なことでもありますが、土地の人たちを差別するような調査のやり方に従わずに済んだので、人生、何が幸いするか分かりません。

そのときは遠回りに見えた道も、あとから振り返ってみると実は近道だった、ということが往々にしてあるのです。

ですから、もし今自分にとって不本意だと感じていることをやらざるを得ない状況に陥って、葛藤を抱えている人がいるとしたら、少し先を見つめてほしいのです。今やっていることは、本当に自分のやりたいことに少しも繋がらないことなのでしょうか。きっとどこかで繋がるはずです。むしろ、そう信じないことには、あまりの厳しい状況に、自暴自棄になりそうなときも人生のなかにはあると思います。

困難を極めるゴリラの「人付け」

私たちがゴリラを調査するときには「人付け」という方法を採っています。もう一つ、野生動物の調査には「餌付け」という方法もあります。

一九四八年、京都大学の人類学者・今西錦司さんによって創始されたのが霊長類学です。日本発祥の学問でした。それもそのはず。人間以外の霊長類（ヒトや類人猿、サル、原猿類を含んだ哺乳綱霊長目）を対象として、人類の進化をとらえようとするこの学問は、人間とそれ以外の動物との連続性を否定する西洋のキリスト教的世界観からは、ほど遠いものだったからです。

最初に今西さんたちが選んだ対象はニホンザルでした。彼らは宮崎県の幸島《こうじま》でサルの社会を調べようとしました。実はこのこと自体、世界の常識から見たら驚くべき研究でした。当時、「社会」は人間にしかないものだと考えられていました。そんな常識を破るように、人間の社会の進化的起源をサルの社会から探ろうと研究が始まったのです。

研究者たちは餌付けによって野生のサルの警戒心を解いて人に馴れさせようとしました。しかし、その結果、サルたちは餌場で餌をもらうのを待つようになり、自分の力で餌を探そうとはしなくなってしまった。これではサルのありのままの姿を見ることはできません。

そこで試みられたのが人付けです。自由気ままに暮らす野生の動物たちを人間が追いかけ、観察するという手法でした。

これは餌付けに比べると、研究者にかなり体力を強いる方法でした。相手は軽々と岩場を登り、いばらのやぶの中を涼しい顔で分け入ります。私たち人間は崖から落ちそうになったり、スズメバチの巣にぶつかったりしながら彼らを追いかける。山を縦横無尽に移動するニホンザルを追っていると、まるで私たちの目には見えない道があるかのようでした。

もし調査の対象が鳥や爬虫《はちゅう》類なら、四六時中観察することはできませんし、夜行性の哺乳類は肉眼で観察することは難しい。しかし、昼行性のサルやゴリラは何とかあとをつけられる。だからこそ、霊長類の調査は体力勝負で、フィールドワークでは最もきつい部類に入ります。

私がゴリラの人付けを試みた当初は、真っ暗闇で手探りをしているような気分でした。いつまでたってもゴリラは私たちに馴れてくれません。緑のカーテンが幾重にも重なる森の中で、割れるような咆哮《ほうこう》で警告されたり、突進を受けたことも数え切れませんでした。二〇〇二年からガボン共和国のムカラバ・ドゥドゥ国立公園で始めたニシゴリラの人付けはとりわけ困難を極めました。しつこくあとをつける私に「いい加減にストーキングするのはやめてよ！」とばかりにメスのゴリラが噛みつき、頭を五針、太ももを一七針も縫うようなケガを負ったのもガボンでのことでした。

マウンテンゴリラとヒガシローランドゴリラが属するヒガシゴリラは、セロリの茎やアザミの葉を食べながら地上を移動します。彼らが棲む森は下草がたくさん生えているので、ゴリラが通った跡も比較的見つけやすい。

一方、ニシローランドゴリラとクロスリバーゴリラが属するニシゴリラは、自らの巨体をものともせず、スルスルと木に登って果実や木の葉を食べます。棲《す》み処《か》である森は下草が少ないので、姿を見つけるどころか、痕跡を探すのさえ困難です。

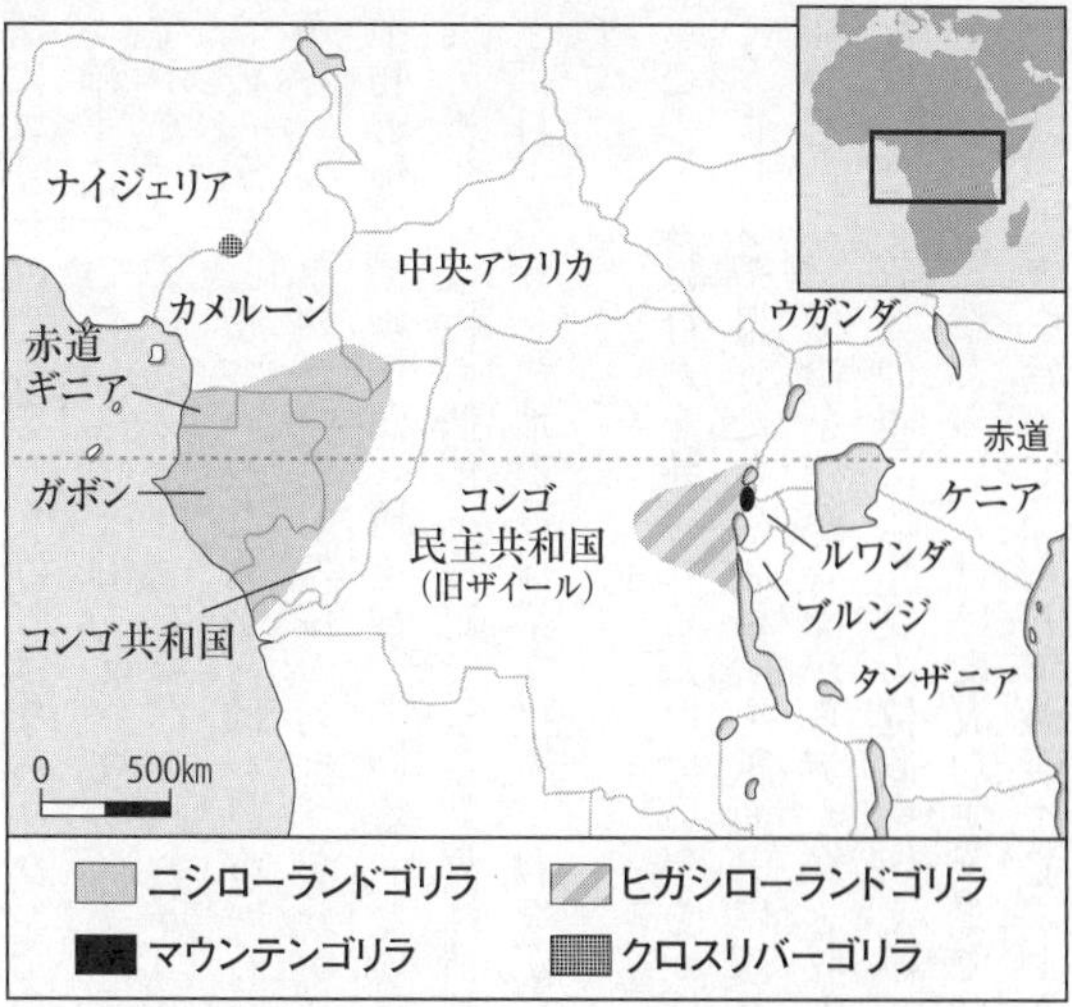

そのうえ、昔から人間に食用として狩られてきた歴史があるニシゴリラは非常に警戒心が強く、ヒガシゴリラより半世紀も前に発見されたにもかかわらず、遅々として調査は進んでいなかったのです。

さらに困ったことには、ガボンでわれわれが人付けを始めた土地には、農耕民しか住んでいませんでした。ピグミーのような狩猟採集民と違って、彼らにとって森は恐ろしい場所です。森歩きにも熟達していませんし、もちろん動物のあとなど付けたこともありません。そんな彼らを激励しながら一緒にゴリラの追跡をしなければならなかったのです。

確実にそこにいることは分かっていても、長いことゴリラの姿が見つけられないなかで、ゴリラの糞《ふん》を拾って歩くことから始めました。

彼らが落としていった糞からは、いろいろなことが分かります。まず糞の大きさから、ゴリラのだいたいの体の大きさが分かります。糞を洗って乾かせば、残った植物の種子や繊維から何を食べているかということも分かる。またＤＮＡを抽出して分析すれば性や個体を特定できる。糞は情報の宝庫なのです。

毎日、そうした地道な作業を積み重ねながら、ゴリラのグループを特定していきます。

このときは群れを特定するだけで二年もかかりました。地図や道などない森の中で、ゴリラや自分たちの居場所を紙面上に落とし込むために、南北東西にまっすぐ切った道で、位置を確かめながらデータを収集する方法「トランセクト」をつくらなければ、研究仲間にゴリラの位置を伝えることさえできません。調査の地固めを一つひとつしながら、人付けに成功するまでにはさらに三年の月日を要しました。

つまり、調査を始めてから五年かかって、ようやく人付けまでたどり着いたというわけです。

人付けに成功したのは、シルバーバックのパパ・ジャンティ（現地語で優しいパパという意味）をリーダーにしたジャンティ・グループでした。このグループはパパ・ジャンティのほかに、オトナのメスが九頭、若者と子どもが一二頭という二二頭の群れでした。

そのころ、私は京都大学の教授になっていて長期にわたるフィールドワークは難しかったため、現地に行くたびに日本人の共同研究者やトラッカーたちを激励して、いろいろな提案をしていました。ゴリラの姿さえ確かめることができない状況が長く続くなか、地道に糞を拾いながら、みんな根気強く調査を続けてくれました。調査の当初からいっしょに指揮をとってくれた竹ノ下祐二《ゆうじ》さん、とくに、長期にわたって森のテントに住み続け、毎日ゴリラを追跡した安藤智恵子さんや岩田有史君、坪川桂子さんの努力によるところが大きいと思います。実際、私自身も本当に人付けができるかどうか、ときどき不安に襲われることもありました。

しかし、私にヴィルンガのマウンテンゴリラやカフジのヒガシローランドゴリラを人付けした経験があったことも、「ヤマギワの言うことを聞いておけば何とかな

ガボンのムカラバのキャンプ（中央著者その右・安藤智恵子さん、１人おいて岩田有史君）

るに違いない」と、彼らが信じてくれた理由の一つになったようです。

自信のつけ方――精神的孤独のすすめ

フォッシーの言いつけを守らなかったこともそうですが、私は子どものころから、自分が正しいと思うことを選んできたほうだとは思います。でも、昔の人はほとんどそうだったのではないでしょうか。目の前にいる相手と、その場で付き合っていた時代には、自分で判断し、自分が正しいと思うことを選ぶほかないのですから。

今なら「ちょっとトイレに行ってきます」などと退席し、知り合いに「今、こんな話し合いをしているんだけど、どう思う？」と携帯電話で相談できるかもしれませんが、固定電話しかない時代はそう簡単にはいきません。対面している場で話すことがすべて。私が大学生のころもそうでした。その場での付き合いが基本的には真実だったのです。

携帯が常にオンの状態の今の若者にも、本当は自分で決定すべきことが山ほどあるはずです。それなら、いっそのこと自ら進んで孤独になってみてはどうでしょうか。携帯が常にオンの状態ということは、人間関係が常にオンだということ。これでは孤独になりようがありません。孤独になるということは、何かに打ち込める状況をつくり出すことでもある。孤独になれば、自分で責任を負うこともできる。

もし誰かの助言を受けて失敗したとしたら、自分に逃げ道をつくることになりかねません。これはあいつの意見であって、自分のせいじゃない、と。でも、最終的に決定したのはほかでもない自分ですから、責任を負うのも当然。自分以外にいないはず。携帯が常にオンの状態というのは、そういうことをきちんと考える時間も与えられていないということなのです。

ここで言う孤独とは、一人でご飯を食べるというような物理的な孤独ではなくて、自分一人で物事を考える、携帯オフの状態で自分だけの時間を持つという精神的な孤独のこと。大事なのは、たくさん仲間がいても、何かを決定するときには自分で考えるということです。

今の若者たちは、もしかしたら孤独にさえさせてもらえないと思っているかもしれませんね。携帯電話のメールが来たら、すぐに返さなければ村八分にされる恐れだってあるでしょう。

思い切って携帯での繋がりをあえて断ち切り、いったん友だち関係をゼロにしたうえで、自分で本当に大切だと思う人間関係を築いていくことができれば、それにこしたことはありません。でも、そのときには携帯という手段に頼り続けていることも含めて、自分を取り巻く関係性を見つめ直すことが必要です。

自分が面白いと思ったこと、正しいと思ったことを、その場で自分で決定する。そのうえで積み重なった経験は紛れもなく自分で行ってきたことですから、自信を持って他人に話せます。「自分」というものは、そうした積み重ねによってつくられるのだろうと思うのです。

それは誰かが筋道をつくってくれるよりも、何倍も時間のかかるノロノロした歩みかもしれません。でも、どこかで自分の血となり、肉となって、回り回ってそれが未来の自分を助けてくれる。

裏を返せば、自分というものは自分のしてきたことのうえに成り立っているのですから、過去を美化することもできなければ、過去を灰色にすることもできないということ。そういう誤魔化《ごまか》しのきかない自分というものに誇りを持って相手に接しないと、対等な話はできない、ということなのでしょうね。

もちろん自信なんて、そう簡単につくものではありません。私も若いころには、物事が思うようにならずにジタバタしてみたり、落ち込んだり……。今でも悩みは尽きません。それでもやっぱり我が道を行くよりほかないのです。なぜなら自分というものは、そういうふうにしか、つくれないものなのですから。

第3章

相手の立場に立って「信頼」が生まれる

国が違えば「信頼」の在り方も違う

たとえば、アフリカのレストランで食事をしている最中に「ちょっとトイレに行ってくる」と、テーブルの上に自分の財布を置きっぱなしで席を立ったとします。日本では「君たちなら、財布を置いていっても大丈夫」という信頼の証《あか》しとも取れる行動ですが、アフリカでは「君はオレの財布を盗らないよね？」ということを暗に相手に押し付けているととらえられかねません。もし、そのお金が彼らにとってはすごく大金で、日本人の私にとっては小遣い程度だと相手が思っていたら、ちょっと盗ったところで分からないだろうと魔が差すかもしれない。それが人間というものなのです。

そして、彼らのそういう欲求を引き出してしまった原因は、お金を置いたままその場を離れた私にある。コンフリクト（葛藤）や悪事を働かせるチャンスをつくり出してしまったという点において、アフリカではとても失礼に当たることなのです。つまり相手への過剰な信頼は、相手を悪者にする危険性をもつくり出してしまうということ。「あなたと私の間では何も起こらないよね？」という押し付けは、相手の人格を否定することにもなりますから、控えるべきだというのがアフリカにおける節度です。

以前、こんなことがありました。私がナイロビにある日本学術振興会のアフリカ地域研究センター（現ナイロビ研究連絡センター）で調査隊や研究者の便宜をはかる駐在員を務めていたときのことです。

日本の大学からやって来た二人の研究者が、ナイロビ大学内にあるレンタルルームを借りることになりました。男性二人なので、ついてはメイドを紹介してくれと言う。私は知り合いのツテをたどってメイドを見つけたのですが、彼らは現地に着くなり、ナイロビ大学の先生に頼まれて別のメイドを雇うことになったのです。それは問題ないのですが、問題は彼らが日本的な親しさでメイドに接してしまったことにありました。一緒に食事や映画を観に行っていたのです。

しばらくして、ナイロビから五〇〇キロほど離れたモンバサに一週間出張に行くという彼らに、念のため「メイドを家に置いたままで大丈夫ですか？」と聞きましたが、「彼女を信頼しているから問題ない」と口を揃《そろ》えて言う。

一週間後――、彼らが帰ってみると、部屋はもぬけの殻。メイドが大金を持って逃走した後でした。こともあろうに研究者が出張に行った晩にメイドは自分の仲間を部屋に招いて大宴会を開き、引き出しに入っていた現金から何から全部持ち出して国境を越えて逃げてしまったのです。結局、お金が戻ってくることも、彼女たちを捕まえることもできませんでした。

「あれほど良くしてあげたのに裏切られた」と二人の研究者は男泣きに泣きましたが、ケニア生活が長い別の研究者に言わせると、「ケニアの文化では、一緒に映画や食事に行けばもう恋人同然。妻に何かを盗られたからと言って犯罪が成立しないように、恋人の持ち物を盗っても犯罪にはならない。そんなことも知らずにメイドと日本的な距離感で接して『盗まれた！　裏切られた！』と言うのはお門違いだ」と。

これは文化の違いの問題だけではありません。厳しいことを言えば、メイドとの間に信頼関係を築いていたのではなく、独りよがりに相手に親切にしていただけとも言える。

「親しさ」というのは非常に難しい問題で、親子、兄弟ですら、親しさのなかにも節度が必要になってきます。そのことは頭に入れておかないといけません。今の関係が相手からはどう見えているのか、それから第三者からはどう見えているのかを常に検証していかないと思い違いが起こる。これは男女の問題に限ったことではないのです。

たとえば、私がとても信頼している優秀なトラッカーがいたとします。彼自身も私の信頼を得ていることを自覚しているがゆえに、他のトラッカーに威張るようなこともあるかもしれない。少々悪さをしても、「ヤマギワもオレのことはきっと大目に見てくれるだろう」と思うことだってあるでしょう。だから、第三者から彼についての噂《うわさ》を聞いたり、普段から彼の挙動を注意深く見ることで、私の見ていないところでどんなふうに振る舞っているのかを推測する必要があります。そのうえで今のままの関係を続けたほうがいいのか、それとももう少し距離を置いたほうがいいのかを自分で判断する。

常にどうすれば自分のやりたいことができるのか、どうすれば私の周りで一緒に働いてくれている人たちが平和に共存できるのかということを考えておくこと。それに対する確認を少しでも怠ると、必ずと言っていいほどトラブルが起きてしまうのです。

フィールドにおいてゼロから新しい組織をつくるときには、みんなとそれぞれ一対一で付き合う方法と、中間職をつくり、その人からみんなに仕事を配分するという方法があります。中間職になり得るような信頼の置ける人間が見つかれば非常に楽ですが、トップと中間職の関係もまた簡単ではありません。

たとえば会社のような組織においても、課長の権限を部長があまりに放置しておくと、大きなトラブルに繋がることがあります。部長と課長との間の信頼関係をしっかりさせたうえで、「でも、勝手にはさせないよ」と部長が釘を刺しておくことも必要です。

ですから、多少労力は使っても、小さな組織の場合はあえて中間職をつくらずにみんなとそれぞれ関係を結んだほうがいい。私もこれまでそうしてきました。すると、みんながそれぞれ「自分はヤマギワに一番愛されている」と思ってくれて、いい関係がつくれるのです。

信頼は「時間」によって紡がれる

ガボンやコンゴで大臣のような地位の人に会いに行くと、周りの人たちは会話の内容がどうこうという以前に、私が大臣と会っていた時間の長さに一喜一憂します。「大臣が三〇分も会ってくれたのか？　すごいじゃないか！」、「たった五分しか会ってもらえなかったのか……」というように。ここが彼らの価値の置き所です。大臣が三〇分もの時間、ヤマギワという人間に費やしてくれた、その時間が長ければ長いほど私を認めてくれたと考えるからです。

ガボンでは、労働争議をたびたび経験しました。フランス革命以降、フランスでは労働者の権利が非常に重視されてきた歴史があるので、すぐにストライキが起こる。一九五九年までフランス領だったガボンでも、フランスの文化に倣って、賃上げや待遇改善の交渉などを持ちかけてくるわけです。彼らの要求をすべて呑《の》むことはできないので、お互いに意見を言い合ったうえで、できないことは「できない」と言うよりほかありません。

それでも、彼らは最後に決まって「いやあ、良かった。今日は四時間も話し合いの時間が持てた」などと言ったりする。アフリカでは話をする、一緒にいる時間を持つ、ということがお互いの価値になっているのです。

たとえば、「三日後に、またこの場所で会おう」という約束をアフリカの人としたとします。ところが、三日後、その人は現れなかった。電話もないようなところですから、連絡の取りようがありません。しばらくして、道でばったり会ったときに、「なぜ、あのとき来なかったんだ?」と聞くと、「行こうと思ったんだけど、事情があって行けなかったんだ」と言われたりする。

たしかに相手が約束を破ったことは事実ですが、約束の日までの三日間、彼は約束を果たそうと思って準備をしてくれていたのかもしれません。だとしたら、その三日という時間を私のために使ってくれたことこそがありがたい、と思うのがアフリカの文化。アフリカでは約束を果たすことだけが信頼に値するわけではないのです。三日という時間を自分に対して捧げてくれたということが、相手と私との間に横たわる信頼なのですから。それをきちんと慮《おもんぱか》らずに日本の基準だけで判断すると、大きな間違いを犯してしまいます。アフリカでは信頼というのはほかでもない、時間なのだと学びました。相手の立場に立ったうえで、自分の行おうとしていたことは本当に正しかったのか、もっと良い方法が他にあったのではないか。それを考えていくのが対人力なのです。

これはアフリカに限りませんが、何かしらの対立が起こったとしても、時間さえかければ、いずれは解決する。別の言い方をすれば、解決には時間が必要だということです。解決に至る時間というのは、お互いが歩み寄るプロセスです。だから、解決まで果てしないと思っているときほど、時間をかける必要があるということなんですね。

身近な例を挙げれば、アフリカの人々は市場での買い物にとても時間をかけます。私が暮らした村で週に二回開かれる定期市の日には、近くの村から背負い籠にキャッサバ（タピオカの原料となるイモ）やジャガイモをたくさん積んだおばさんたちがやってきました。普段とは違って、お祭りのように活気づいた広場には、ジャガイモやマハラギ（うずら豆）、米やトウモロコシなどが並び、解体真っ最中のウシやヤギやブタもいます。

村の人たちは市が立つ日をみんな楽しみにしていました。もちろん、かくいう私も例外ではありません。

ある日、この日のためにピカピカの靴を履いてやってきた知り合いの少年と連れだって、私は市場をひやかしに行きました。私が米の前で立ち止まると、少年は店のおばさんに、米の産地を尋ねたり、欠けた米粒を指して、「これは虫が食べた跡じゃないの？」と、いちゃもんを付けたりしながら、なるべく値段を下げさせようとする。

お米売りのおばさんも負けてはいません。キンドゥという有名な産地のお米であること、つやや色、形の良さなどを滔々《とうとう》と語り、虫など入っていないことを神に誓うという具合。そうやって互いに値踏みをしながら、交渉がまとまったのは、なんと一時間が経過したころのことでした。

もちろん売る側はなるべく高く売りたいし、買う側はできる限り安く買いたい。売買において双方の利害は真逆のところにあります。しかし、お互いが相手の話に耳を傾け、時には「実は、仕入れのための借金が嵩《かさ》んじまって、うちも大変なんだ……」という相手の懐事情まで会話のなかで飛び出したりもします。それは買う側も同じです。

市場では品物の価値自体はもちろんですが、互いの事情も酌《く》み、納得したうえで値段が決定されます。ここでの物の売り買いは、単なるお金のやり取りではありません。交渉の時間は、自分と相手との信頼関係が築かれる時間でもある。そのうえで決まった値段は、話し合いの結果であると同時に、信頼関係のなかでお互いが歩み寄った結果なのです。日本にいると忘れてしまいがちですが、本来、物の値段とはそういうものなのだということを、アフリカの市場で教わりました。

われわれは過程を飛ばして結果だけを見たり、相手から与えられる権力の大きさやお金の多寡《たか》で信頼を測ってしまうところがあるけれども、人間が太古の昔から築いてきた一番大きな信頼関係の担保は、実は時間なのではないでしょうか。

「加害者」より「被害者」になりなさい

アフリカの私の家に最初にタムロするのは、だいたい自己顕示のうまい人たちです。言ってみれば、悪い連中がほとんどでした。新しい土地に住んだ当初は、みんな用心深く遠巻きに様子をうかがっています。今度やって来たヤマギワという外国人は、いったいどういう人物なんだろう、と。

私はといえば「来る者拒まず」で、悪い連中とも付き合いますが、彼らは行く先々でトラブルを起こすので、自然と自滅していくのです。すると、今まで陰から様子をうかがっていたいい連中が徐々にやって来るようになり、彼らと関係を結べるようになる。これもまた「時間」がつくってくれる関係です。

それなら、悪い連中なんてさっさと追い出して、最初からいい人に来てもらったほうが効率的じゃないかと思うかもしれませんが、そのために防御壁を高くすると、いい人たちまで寄りつかなくなってしまいます。本当に性根のいい人たちは用心深くて、しかも割と控えめだから、障壁を設けてしまうと近づいてきません。それに悪い連中を突っぱねたら、また他の悪い者がやって来るという悪循環が起こるだけ。ですから、時間はかかってもこれが最善の方法だと学びました。

それに、最初からあまりに用心深いと「こいつは人を信用していないな」と思われてしまいます。だから、私は学生たちに「加害者になるより、被害者になれ」といつも言っています。「あいつは強い。あいつは正しいことを言うが、厳しくて怖いヤツだ」と思われるのは具合が良くない。それなら「あいつはこの間騙されたらしい。でも騙されるぐらい、いいヤツなんだ」と思われたほうがよっぽどいい。ただし、ずっと騙されっぱなしというわけにはいかないので、知恵を付け、どこかで汚名を返上しないといけません。それには村の人たちと話して、みんなの助言を受けながら、挽回《ばんかい》していくのが賢明です。

すると、彼らは「オレたちはヤマギワに知恵を付けてやった。だからヤマギワはちゃんと立ち直れたんだ」と思うでしょう？　彼らにしてみれば、オレはあいつの恩人だということになる。「助けてやったんだから、今度ヤマギワが開くパーティに参加する権利がオレにもあるな」と、私に近づく理由にもなる。パーティで話をするうちに、「今度一緒にあの川に釣りに行ってみようぜ」なんて誘ってくれたりもします。そうやってだんだんといい関係ができあがってくるのです。

自分に期待されていることを汲み取る

村の人たちと一緒に仕事をしていると、貸していた物が壊されたり、盗まれたり、私が言っていることを笠に着て横暴な振る舞いをしている者がいるとか、いろいろな訴えが出てきます。それに対して「これは大きな損失であって仕事も遅れる。オレも悔しい思いをしている被害者の一人だ」というようなことは言います。でも、決して当人を警察に突き出したり、村長に訴えるようなことはしません。事情も分からずに、強硬に罰することはまずしないのです。

ただ、村人たちが「こいつは許したくない」と言っていることで、自分がリーダーとして決定権を握っている事象ならば、率先して行動を起こさなければいけません。いったい自分に望まれているのは何か、という判断をその都度《つど》していかないといけないのです。

たとえば、ガボンでは村から四キロほど離れた森の中にキャンプ（調査拠点）を設けていたのですが、村から歩ける距離なので、仕事を終えたあと酒を飲みに村へ帰り、夜中になるとキャンプに戻り、歌を歌って騒ぐ者が出てきたりします。そういうときには、即刻キャンプから帰します。そして日を改めて、相手が素面《しらふ》のときに「騒いで他の人の眠りを妨げたら、翌日の森歩きにみんな寝不足で行くことになる。そんな状態で事故が起こったらどうするんだ」と淡々と言って納得させなければいけません。それもみんなが聞いているところで。ひどいときにはしばらく仕事を停止させることもありました。

「ヤマギワは普段、許容力があるように見えても、決定するときには厳しいことを言う。やるときにはやるヤツだ」と思ってもらわなければ、私の言うことなんて誰も聞いてくれなくなってしまいます。

そこで、私についたあだ名がディカブ・ディ・マカンビ。直訳は「難問に直面したお母さんの分け前」で、ヤマギワはすべてを受け入れるわけでも、完全に拒否するわけでもないという意味の名前でした。

時にはどこかできちんとけじめを付けるという姿勢を示さなければ、約束を守って真面目に仕事をしてくれている人がバカを見た、と感じるようになってしまうでしょう。ヤマギワはオレたちのことをちゃんと見てくれていると思ってもらわないと、仕事にも支障が出てしまいます。

それから、特別な理由がないときには、年長者を立てるということと、長く付き合っている人を立てるということも大事にしていました。長い付き合いの人を重んじると、「オレもヤマギワと長く付き合っていけば、ちゃんとオレのことを見てくれるに違いない」と相手に思わせることにもなります。今、いい働きをすれば、ヤマギワはオレを良く思ってくれる。でも、働けなくなったら、すぐに見捨てられるかもしれないと思われてしまったら、相手も先のことを考えてくれない。「常に今が勝負」といった刹那的《せつなてき》な関係になりかねません。でも、そうじゃないんだ、と。

これまでの話からも分かるように、フィールドワークはすぐに結果が出るものではありませんから、われわれのような研究者は長い付き合いを想定したうえでの「今」があると思っています。
一〇年後、二〇年後も、ヤマギワはここにいるんだというふうに彼らに思ってもらえれば、今、調査の成果が思うように上がらず、彼らにあまり報酬が払えなかったとしても「ひょっとしたら、来年は良くなるかもしれないから、ちょっと我慢してこいつの言うことを聞いてやろう」と、思ってくれるかもしれない。「こいつはすぐにいなくなっちゃうんだから、今、自分にとって利益になるものは根こそぎ取っておかないと」というような関係ではない、と思ってもらう必要があるのです。

地元語は相手の本音を引き出す魔法のツエ

私がフィールドワークで訪れたところは、一九九〇年代以降、内戦が勃発した国がほとんどでした。ルワンダ、ウガンダ、コンゴ民主共和国もそう。そういう国々は国境を越えて入国するときにすでに「これは、やばいな」ということが雰囲気で分かります。あからさまに金銭をねだってくるイミグレーション（出入国管理）の職員がいることもある。ですから、国境を越えるときには、必ず職員やまわりの人たちに「最近、給料は遅れていない？」と聞くことにしていました。

アフリカにいるときにはスワヒリ語とフランス語、英語を使い分けています。英語を使うと、どうも詰問調になったり、自己主張が強くなってしまうのです。だから、危険なにおいを感じたら、必ずスワヒリ語で話します。相手に対して最も融和的に振る舞えるのがスワヒリ語なのです。

日ごろ、フランス語や英語で話している相手であっても、「本当のところ、どうなんや？　今晩ちょっと一杯やろうか？」というときには、やっぱりスワヒリ語が活躍してくれます。地元の言葉を使うと、相手との距離がグッと縮まる。それは、日本語の場合でも同じですね。

東京弁はどうしても詰問調にとられてしまうところがあります。私は東京出身なので、京都弁は完璧にはしゃべれませんが、関西弁というのは（関西弁とひとくくりにすると、関西の人に怒られますが……）、関西圏では本音を言い合える言葉です。「どやねん、ほんまは？」と言うのと、「本当のところ、どうなんですか？」と聞くのでは、だいぶニュアンスが違います。「どやねん」と言うと、相手もついポロッと本音が出てしまったりする。言葉の使い分けも、対人力を高める大きな手助けをしてくれます。

フィールドワークでさまざまな土地を訪れたり住んだりした関係上、私は鹿児島弁も、愛知弁もある程度なら話せます。もちろん土地の人とまったく同じようにとまではいきませんが、少なくとも相手の言っていることは確実に分かる。土地の言葉を話すことで、対話の雰囲気もガラッと変えられるのです。

以前、作家の重松清さんと対談したことがあります。重松さんは『定年ゴジラ』という小説を書かれていて、「ゴジラ」vs.「ゴリラ」で対談をしてみようという、ちょっと面白い企画でした。

『定年ゴジラ』の主人公は、東京近郊の新興住宅地に住む定年後のオヤジたち。そのなかの一人の野村さんは転勤が多く、単身赴任で西日本を渡り歩いてきたので、広島弁も博多弁も岡山弁も上手に操れます。でも、いざ定年を迎え、自分の家に帰ってきたとき、ふと「浦島太郎状態」の自分に気づくんです。父親が不在でもいつの間にか立派な大人になっている息子たち。いくつも方言を覚えたものの、どこの土地にも定着していない自分。そこで思い悩む。いったい自分のアイデンティティはどこにあるんだろう？　と。

言葉というのは、アイデンティティの一つです。たとえば、大阪の人は大阪弁を話すことで「私は大阪人です」と表明し続けていることになります。無意識であっても私たちは、言葉を使うことで生涯にわたって自分の背景を宣言し続けているというわけです。

地縁や血縁、社縁の繋がりが薄れる現代において、アイデンティティを示す要素をいまだに持っている数少ないものの一つが言葉なのです。ただ、現代のコミュニケーションの場では、それすら失われつつあるのかもしれません。

メールの文面を大阪弁で書くことはできますが、そこでは「まあ、そんなもん、ちゃう?」と大阪弁特有の抑揚で発音するときのように、相手を承認に追い込むまでの生きた言葉の力は失われてしまう。土地の方言を音声で話すことで、お互いの仲間意識は芽生えるのです。あいつはオレの仲間だという大前提を共有できるとでも言うのでしょうか。

二〇一四年一〇月に滋賀県の大津で開かれた関西の企業や政治の未来を考える「G1関西」に参加したのですが、開始早々、和歌山県の参議院議員、世耕弘成《せこうひろしげ》さんが、「今回の集まりの公用語は関西弁にしましょう!」と高々と宣言されたのです。これには驚いてしまいました。東京育ちの京都府知事・山田啓二さんや、私のように関西弁が達者でない者もなかにはいるのですが、ほとんどが関西出身の方だったので会場は大盛り上がり。

そのときにふと思ったんですね。これまでシンポジウムなどで当たり前のように東京弁で話していたことは、実は関西の人たちをないがしろにしていたんだな、と。関西だけでなく、もちろん東京以外のすべての地域の人々をないがしろにしていたのです。世耕さんが宣言したように、「ここはオレたちの地元だから、オレたちの言葉でしゃべろうや!」というのは、至極まっとうな考えです。でも、関西弁を話せない人には、ちょっと疎外感がある。つまり、私たちはそういうことを無意識のうちにしてきたんだということに、遅まきながら気づかせてもらいました。

かつては東北訛《なま》りが少し出ただけで、笑われるような時代さえありました。もしかしたら物心ついたころから方言を話していた人は、自分のアイデンティティを出せないまま、標準語（東京弁を標準語とは呼びたくはありませんが）で自分を偽って生き続けている「自分」に、どうしようもなく腹を立てることがあったかもしれません。私のように東京で生まれて東京で育った人間は配慮もせずに、それを当たり前だと思って暮らしていました。これまで相手に大きなストレスを強いてきたのかもしれないと、おかげでようやく思い至りました。

私の関西弁は決して上手とは言えませんが、周りが関西の人ばかりだと、どうしても関西弁が口を衝《つ》いて出てきます。それぞれの言葉が持つ雰囲気があり、そういう言葉によって関係性が築かれていくプロセスこそが、言葉の持つ力ではないでしょうか。対話の旨《うま》みはここにもあると思います。

そそのかして、共謀幻想が持てて――相手が動く

私が研究で訪れたアフリカの地域は、つい最近まで文字を持っていない無文字社会でした。しかし、彼らの教養は驚くほど高い。彼らと付き合ううちに教養とは、どれだけ自分の中に「具体例」を持っているか、ということだと思うようになりました。アフリカの対話の場面では、どれだけ具体例を知っているかが説得の鍵を握

っているのです。

「私は過去に同じようなことに直面したことがある。そのときにはこうしたんだ」とか、「オレがおじいさんから聞いた話では、あるときこういう場所でこういうことが起こった。そのときにはこういう結果になったから、今回、起こったこともおそらくそういう結果になるだろう」というようなことを、彼らは一時間余りもかけて一人で滔々と話したりする。

すると、相手も「いやいや。私も同じような事例を知っているけれども、そのときにはこういう結果になっている。君の言うような結果とは違うこともあるんだ！」と切り返してきます。具体例を挙げることで相手をきちんと説得しようとする。テレビや本などない社会では、人から聞いた話が非常に重要な意味を持っています。ですから、例を知っている人のほうが話に力が出てくるのです。ちなみに私の知り合いのアフリカの人たちは一人の人間が百以上もの昔話を持っています。彼らは自分が個人として相手に向かい合っているわけではなく、「過去のいろいろな人たちの事例の上に今生きている私」として相手に対しています。

とりわけ長老たちに蓄積された具体例や知恵は、若者を感動させる大きな玉手箱になります。長老の話を聞いた彼らは「ああ、昔はそんなことがあったんだ。また一つ利口になったな」と思う。例を知っているということが、相手に話を聞いてもらう、相手に話を聞かせることができる立場をつくることになる。相手から評価される対象にもなる。これは非常に大きな財産です。

研究者といえども、現地では他人の力を借りなければ一人では何もできません。とくに学生の時分はたくさんの報酬を出せないので、言い方は良くありませんが、いかに相手をその気にさせて自分のために働いてもらうか、が肝心になってきます。そのときには、「お前の時間をオレにくれよ」という提案ではなく、「オレの時間をおまえにやるから」という提案の仕方をしたほうが効果的です。そのためにはどうするか。一緒に「働く」という意識ではなく、「おまえと一緒にやったら楽しそうだな」と相手に思わせることです。

暮らしのなかでの彼らとの付き合いも疎《おろそ》かにはできません。「今度オレの息子が結婚するから、ちょっと顔を出してくれ」と頼まれることもあります。わが子の結婚式に外国人が参列するというのは彼らにとって非常に誇らしいことです。だから、こちらも「あなたのためなら、もちろん喜んで行くよ」という態度を示す。つまり、互いに自分の時間を相手のために使っているという気にさせることも必要なんです。

それから、これも言葉は悪いですが、相手をそそのかすという方法もあります。「あれ？ もしかして、おまえ、ゴリラが怖いの？ おじいちゃんから野生動物についていろいろ聞いているだろ？ 日本人のオレだってゴリラのすぐ近くまで行ったことがあるんだぜ。オレができるんだから、おまえならそんなの朝飯前だろ？」などと言って、相手の自尊心をちょっとくすぐるという手もある。

あとは共謀幻想とでも言うのでしょうか。グループのなかの誰かを引き合いに出して「あいつのこと、おまえも面白くないと思っているだろ？ オレたちでゴリラの追跡を成功させて、あいつの鼻を明かしてやろうぜ」とたくらみを共にする仲間のように接してみる。あるいは、「あいつは『森を知っている』とか威張っているけれど、実はオレたちが登る山はあいつが登ったことのない山なんだ。登って自慢してやろうじゃないか？」というように、あの手この手で相手を動かそうとするわけです。共謀を一緒に行うことで、二人で名誉や誇り、権利を手に入れようと持ちかける。相手をたらし込んだり、そそのかしたりしながら、何とか相手に動いてもらえるように画策するんです。

また、あるときは虚勢を張ることも大事ですが、これには私も冷や汗をかいた思い出があります。

最初にカフジへ調査に行ったとき、私は日本人というだけで周りから空手家だと思い込まれてしまいました。私も否定するどころか、「エイ、エイ」などと拳を突き出す真似事をしていたものですから、「ヤマギワはブルース・リーと同じ師匠についていたらしい」などと噂に尾ひれが付く始末です。

しばらくすると、毎朝、近所の若者たちが私に稽古を付けてもらおうと訪ねて来るようになりました。交差させた両拳を後方に引く「押忍《おす》」という、あの空手の挨拶をしながら。

調子に乗って、私も空手家のように振る舞っていたところ、ある日、二〇〇キロほど北に住む地元の空手家から手紙が届きました。中身はというと、なんと果たし状だったのです。とうとう使者までやって来て、「〇月×日△時の飛行機に乗ってそちらへ行く。ついては模範試合をしようじゃないか」と言う。

言うまでもありませんが、もちろん私には空手の経験などありません。しかし、ここまで来たら試合を受けないわけにはいかない。今後もそこでゴリラの調査を続けることを考えると、逃げるという選択肢はまずあり得ないし、いまさら「あれは嘘でした」と告白することもできません。腕を折られるぐらいのケガは承知のうえ。相手の急所に一発蹴りを入れて、こちらも一発ぐらいは殴られて、試合を終えようと覚悟を決めました。

迎えた当日――。到着した飛行機に相手は乗っていなかったのです。

今でもなぜ現れなかったのか理由は分かりませんが、おそらくあまりに誇張された私の空手家としての腕前にビビッてしまったのでしょう。それで、ますます私は「偉大な空手家」として、地元の人たちから一目置かれるようになってしまったというわけです。しようがないので、毎朝家にやって来るたくさんの若者に「オレの攻撃を受けたらお前たちの命が危ない。突きや蹴りの型はとにかく体を鍛えてから。まずは受け身だ！」と、多少柔道の経験はあったので毎日毎日受け身だけ練習させていました。

六カ月後には日本に戻ったので、結局「いんちき空手道場」は、受け身を教えただけで何事もなく閉門となったのです。

そのころのことを覚えていて、しばらくはしつこく聞いてくる「入門者」もいました。「ヤマギワ、いつになったら空手の型を教えてくれるんだ?」と。

あなたのメンツも、私の立場も傷つけない

人にはそれぞれメンツがあります。当然のことですが、自分のメンツがあるように、相手にもメンツがある。要は相手のメンツを傷つけずに、相手と自分との対立をどこまで崩せるか、相手の気持ちをどこまで変えられるか。相手の表情からそれを読み取りながら、なおかつ他の人たちが、自分たちをどう見ているのかも、あわせて考えることです。

とりわけ大勢のなかでの話し合いのときには、相手のメンツに対する十分な配慮を欠いてはいけません。

ガボンの調査ではよくストライキが起こりました。そのたびに話し合いの場を設ける。どうにもならないこともありますが、言い合う場をつくらないといけません。相手にも言いたいことがあるし、こちらも一歩も引けないかもしれない。でも、きちんと対決しないことには、あとで手を組むこともできないんですね。みんなが見

ているなかで対峙《たいじ》する労働争議を行う。向こうの代表者が意見を言う。それに対してどう答えるべきか。もちろん言葉の問題だけではありません。まず対面していることを意識したうえで、相手にどう対するか、という問題がある。

先ほど空手家のふりをした話のように、人間というのは自覚だけがその人をつくるのではなく、周りの人が期待している人物に沿おうとしてしまう生き物です。「自分であること」というのは、「他人から見た自分であること」。他人の目が「自分」をつくるというわけです。

私たちは無意識であってもそれを感じているからこそ、メンツが生まれます。ですから、自分のメンツ以上に、自分を支えてくれている人たちのメンツがあって、対面の場でメンツを失うことは、自分が惨めになる以上に、自分を支えてくれる人たちが惨めになると、私たちは思っているのです。そんな事態に陥れば、支えてきてくれた人との関係までも台無しになりかねません。私たちが必死にメンツを保とうとするのには、そういう理由がある。

自分の意見を押し通して相手を言い負かせば、相手のメンツは丸潰《まるつぶ》れです。それで禍根《かこん》を残してしまっては、自分にとってもマイナスに働きかねません。ですから、いかに相手のメンツを潰さずに意見を変えさせるように持っていくかが、腕の見せ所なんですね。

まずは相手の立場に立ってみる。すると、労働側のその人を支える人々に対しては、こんなふうに言えるかもしれません。「君たちが頼みにしている○○さんには、労賃の交渉のような期待を懸けるのではなく、私は彼に対してはみんなの働く環境をもっと良くするために動いてほしいし、それこそが○○さんの能力が発揮されるところだと思わないか？」と。

一方、本人には、「あなたに期待している人たちは、本当は働く環境を良くしてもらいたいと思っている。あなたの訴えている賃上げ交渉がたとえ成功したとしても、それは労働環境が良くなることとは直結しない。むしろ給料を上げたことと引き換えに、細かい融通がきかなくなる恐れさえ出てくる。だから、人々の期待に応えたいと思っているあなたのことを分かったうえで、こういう提案をしたいのだがどうだろう？」などと言ってみる。

当人と、彼を支える人々との関係を、私も大事に思っているということを相手に分かってもらったうえで、相手のメンツを潰さないようにしなければ、きっと話は平行線のままです。今、いったい相手がどういう状況にいるのか、そして相手を支えているコミュニティやグループ、つまり当人に期待を懸けている人々のこともきちんと意識したうえでの対話が大事なのです。

とくに日本人は本音と建前で別々に話が成立する場合があるので、よくよく意識しておかないといけません。本当は仲良くしたいのにケンカを吹っかけられて、売り言葉に買い言葉ということもある。勢いで思わず相手の欠点をあげつらっている自分に気づいて「しまった！」と思っても、すでに後の祭りだったというような苦い経験は、誰しも心当たりがあると思います。それでは、相手だけでなく、自分もまた傷つけてしまうことになるのです。

相手の体面を傷つけるような言い方をすれば、結局のところ自分のやりたいことができなくなってしまいます。仕事でも研究でも何らかの提案を上司に反対され、自分を曲げさせられたと思った経験がある方は、ちょっと考えてみてください。意志を曲げさせられた、自分の意見をちゃんと言わせてもらえなかったと考えること自体が、実は間違っているのかもしれません。

相手にしてみれば、本当はあなたの意見も聞きたいし、もっと言わせたかったけれども、そのシチュエーションでは受け付けられませんよ、という意味から出た言葉だったのかもしれない。つまり、単にあなたのやり方や伝え方がまずかったというだけ。

相手のメンツに配慮しつつ、二人の共通の話題のなかから自分の考えの必要性を探っていくのも一つの手かもしれないし、相手にも考えを言うチャンスを与えつつ、そのうえで合意に達するのも一つの手です。あるいは、ある程度のコンフリクト（葛藤）をつくってみせて、そのなかで二人で一緒に合意を築き上げていったという形にしたほうが、より仲が深まるという方法だってある。やり方はいろいろあるのです。

だから、考えを一度否定されたぐらいで諦めないこと。たとえ相手に完膚《かんぷ》なきまでにやり込められてしまったとしても、単にやり方が悪かっただけで、相手の背景や状況を考えたうえで方法を探っていけば、自分のやりたいことはどんな形にせよ達成されるはず。そう思って方法を探らなければ、そこで道は閉ざされてしまいます。

壁にぶち当たったからといって、やりたいことそのものを方向転換するのではなく、いろいろな角度からの視点を自分に与えながら、前に進んで行けばいいのです。

第4章

「共にいる」関係を実らせてこそ幸福感

「他人の時間」を生きてみる

私たちは夫婦や恋人同士で一緒に食事をしたり、映画や旅行に行くことがありますが、一緒に何かを食べた、何かを観《み》たということよりも、一緒にいることそのものに意味があると私はとらえています。つまり、互いの時間を合わせたということに意味があるのです。「私はあなたのために自分の時間を捧げました。これからも捧げようと思っています」という意思表示は、実は愛の誓いなんですね。

時間の価値に関しては親子間のことを思い浮かべると、分かりやすいかもしれません。親子が親子でいられるのは、親が子に対して与える時間が長いからです。

小さいころに異性の親に親しく世話をしてもらった場合、思春期になると娘は父親を、息子は母親を嫌いになり葛藤が生じる。その結果、娘も息子も家庭の外に自分のパートナーを見つけるようになります。これをウェスターマーク・エフェクトと呼んでいます。小さいころに親しく付き合っていなければ、性的衝動を覚えてしまう可能性がある。子どものころに親しい関係にあるからこそ、親子や兄弟姉妹は性的な関係を前提とせずに、子どもが成長してからも親しく付き合うことができるのです。つまり、付き合った時間の長さや密度によって、子どもと親は親子になれるというわけです。

アフリカで借りていた私の家にはいつも誰かしら来ていて、私一人でいるということはほとんどありませんでした。何か用事ができるとそばにいる彼らに頼むのですが、何もなければみんなただ座っているだけ。日本的な感覚で見ると、ただ仕事を待っている鬱陶しいヤツらだと思うかもしれません。「仕事なんて何もないよ！お金が欲しいだけでしょ」と。でも、そうじゃない。彼らは何でもいいから、私のことを手伝いたいと思っている。それがお金になるか否かは結果論にすぎないのです。だから、いつも私が頼みごとがしやすい場所にいて、時には先回りして動いてくれたりします。

やれ、庭で飼っているヤギが綱から離れた！　だの、鶏がうるさいから静かにさせなきゃ！　だの、誰か客が来たぞ！　と、みんな勝手に対応してくれる。これは、自分の時間はどうぞ全部使ってくださいという彼らの提案なのです。つまり、私に対する彼らの愛。一緒にいるなら、たとえば食事の際に「あなたも食べる？」と言わないといけないかな? というような気遣いも実は日本人的な感覚であって、彼らにしてみれば、そこにはただ彼らが私にくれた時間があるだけ。

でも、考えてみたら、少し前の日本でも同じような情景があちこちで見られたのではないでしょうか。暇を持て余した人たちがゴロゴロしていて、「ちょっと、君」と言えば、何かしらの仕事を頼むような関係になり得たわけです。

通りにも、家にもぶらぶらしている人がいたし、目的なくみんなが集まることもありました。今と違って家は開放された空間だったので、隣近所の人たちにもすぐに声を掛けられるような状態だった。自分の時間であって、自分の時間ではない、という状況があったわけです。個人に閉《と》じ籠《こ》もることもできれば、相手に提案を投げ掛けることもできる。日本もアフリカとあまり変わらなかったような気がします。

今は、プライベートな時間やプライベートな空間が非常に重視されて、「私は今○○をしに来ているのだから、あなたとは付き合えません」ということが前提になっています。それが、たとえぶらぶらしている時間であってもです。そばにいるときでさえお互いに時間を分け合うことなく、私は私の時間を生きていて、あなたはあなたの時間を生きている。そこには大きな壁がある。

みんながすごく忙しくなっているんですね。逆説的に聞こえるかもしれませんが、みんながそれぞれ自分の時間を生き始めたために忙しくなってしまった。「みんなの時間」を生きていない。あるいは、「他人の時間」を生きようと思っていないのです。

たとえば、会社の上司に急な仕事を頼まれたときに、心の中で「今持っている自分の仕事を今日中に片づけるために、朝から綿密なスケジュールを組んでいたのに台無しにしやがって……」などと腹が立った経験はありませんか？　それは、会社という共同体にいながら、みんなの時間ではなく、自分の時間を生きようとしているからです。

しかし、百八十度逆の見方をすれば、上司が「お前、これやってみろ！」と、私に新たな時間をくれたとも言えます。そう考えると、自分の自由度は増していきます。指示通りに行った営業先で、自分の時間を確保することだってできるかもしれません。他人からもらった時間のなかに、自分の自由を見つけて広げることもできるのです。

今、対話力や対人力を磨けなくなっている人が増えているとしたら、みんながそれぞれ個人の時間を生きていて、個々の時間を擦り合わせることが難しくなっていることも、原因の一つかもしれません。それなら、自分というものをいったんゼロにしてみて、他人の時間を楽しもうとすると、案外思い切れるのではないでしょうか。自分の時間だと思っていた時間を身近な誰かの時間だと思うだけでも、意識が変わってくるでしょう? 「あ、今、私はあの人の時間を生きているんだな」と思うと、ちょっとワクワクしませんか?

親は比較的子どもに対してそういう気持ちになれるのです。子どもと一緒に遊園地や動物園で遊ぶうちに自分まで子どもに返ったようになることがあります。「あ～、今日は楽しかったな」と思うとき、振り返ってみると子どもが楽しそうにしていたときなんですね。もちろん大人同士でもそうだと思います。他人の時間を生きられるということは、自分というものから抜け出して楽しめるということなのです。

「時間」を切断してしまう〝文明の利器〟

私たちが自分の時間を自由に持てるようになった背景には、〝文明の利器〟の存在も外せません。喫茶店で向かい合っている男女が、それぞれ自分の携帯電話をいじっている光景を見かけることがあります。二人で話をしていても、携帯電話が鳴ればば「ちょっと待って」と、「二人の時間」を切断して自分一人の時間に入ってしまう。そして、顔の見えない電話の向こう側の人と瞬時に繋がるわけです。これでは対面している二人の間で信頼関係を紡げるわけはありませんし、本当の意味で相手と一緒にいるのかどうかも怪しくなってきます。たまたま同じ場所に居合わせているだけで、実はあなたが繋がっているのは携帯という機械にすぎないのかもしれません。これでは対話力は向上しないはずです。

また、相手との間に気まずい空気が流れたときに、「連絡しないといけない用事があったんだ！」などと言って携帯電話を利用することもできる。もしかしたら、空間的には一緒の時間を共有しているように見えても、相手から責められたり、相手と話し合っている課題に決着を付けずに、課題から遠ざかる逃げ道になっているところもあるのかもしれません。

こんなふうにして携帯電話は自分の意のままに時間を切断するための道具としても使えます。だとすれば、私たちは非常に危険な道具を手に入れてしまったと言えると思います。

携帯電話だけではありません。電子レンジやコンビニエンスストア、車のように、文明の利器と言われるものが、人と人とが紡ぐ時間をどんどん断ち切ってきたという経緯があります。

みんなで協力して料理をつくらなくても、コンビニエンスストアに行けばいつでもすぐに食べられるものが手に入る。インスタント食品や電子レンジを使えば、それほど時間をかけなくても料理ができる。車の中で一人でカラオケまがいに歌を歌いながら運転もできる。これらは他人にはまったく迷惑をかけない行為です。

つまり、裏を返せば、人との繋がりというのは、人に迷惑をかけることによって成り立っていたということです。その迷惑を迷惑と思わないということが、自分の時間を相手と分かち合う保障になっていました。でも、迷惑を厭《いと》い始めたことで、プライベートな自分の時間を持てるように近代技術はどんどんモノをつくり出していきました。待っていたのは、希望通りにみんなが個々の時間を生きる社会。それは同時に誰かとの時間が極端に少なくなり、みんながバラバラになってしまった社会だったのです。文明の利器は決して人々を孤独にするために発展してきたわけではありません。ただ、それと引き換えに失ったものは大きいと思います。

生命体の時間は積み重なっていくもの

今、若者の間で、シェアハウスやカーシェアリングなど、「シェア」が流行《はや》っていると聞きます。繰り返すようですが、重要なのは時間のシェアです。本来、モノや住居のシェアは、時間をシェアするためにつくられた手段にすぎませんでした。今のカーシェアリングが、一人では車代も駐車場代も払えない、だから何人かで一台の車をシェアして使いましょうという話なら、時間のシェアからはほど遠いところにある。シェアハウスにしても、ただ同じ屋根の下に住んでいるというだけで、お互いが自分勝手な時間を生きているのなら時間のシェアにはなりません。それでは孤独感は癒されないのです。

最近はヒューマノイド型のロボットなどが次々に開発されていますが、相手がロボットでも孤独感は癒されません。ロボットたちは人間の言葉を話し、われわれが言うことに対しても反応してくれますが、時間のシェアはできないのです。もちろんロボットにも時間はあります。でも生物に宿る時間とはまったく質が違うのです。昆虫には昆虫の時間があり、魚には魚の、鳥には鳥の時間がある。生命体の時間もそれぞれ違います。ただ、共通して言えるのは、生命というものが刻々と変わっていくということです。だから、時間が積み重なっていく。ロボットは変わりませんから、生物のように時間が累積していきません。

ロボットの大きな利点は疲れを知らないことと、同じことを何回でも繰り返せること。だから結果が予測できる。それが機械の持つ信頼です。

かたや、生物は彼ら自身が刻々と変わっていきますから、まったく同じことは繰り返せません。つまり、同じことは期待できない。期待するとしたら、同じ〝ようない〟ことなのです。こうした変化も含めて私たちは相手への〝期待〟をつくっていきます。それは、機械に対するものとはまったく違う期待です。

だからこそ、相手の変化や状況に思いを巡らせる必要があるのです。それが実はとても楽しいことなんですね。自分も刻一刻と変わっていくし、相手も刻一刻と変わっていく。

たとえば、「夫婦」や「親子」というように、ある二人の関係を文字にしてしまったら、その時点で化石化して「変わらない」ように見えるけれども、実は変わっていくものなんです。

夫婦の間で「あなたと私の関係は一生変わらないよね？」と話しているときの関係は、文字にした場合の「変わらない」とは明らかに違います。もしかしたら、ある日、どちらかが盲目になるかもしれないし、事故によって片足を失うかもしれないし、病気で寝たきりになるかもしれない。でも、そんなふうにお互いの状況が変わることはあっても、あなたに懸けている私の想《おも》いは変化しませんよという宣言のようなものなんですね。

ニホンザルとゴリラの目の合わせ方

私が最初に調査した霊長類はニホンザルでした。

大学二回生のときに、ノルディックスキー部の合宿で訪れた長野県の志賀高原で、双眼鏡片手に雪原のサルを観察している人を見かけました。聞けば、京大の理学部の先輩だと言う。それがきっかけとなって自然人類学教室を訪ねたのです。大学院生のときにはサルを求めて日本列島を北は下北半島から南は屋久島まで。なかでも屋久島の野生のサルの姿に魅了され、そこで挑戦したのがニホンザルの人付けでした。

ニホンザルとゴリラの両方を見たおかげで、気づかされたことがたくさんあります。

ニホンザルは常に相手と自分との上下関係を気にします。立場の弱いサルは強いサルのそばに行くことをとてもためらうし、ましてや強いサルが餌を食べているときには、絶対に近寄りません。もし自分が餌を食べているときに強いサルが近づいてきたら、すぐに餌から離れます。強いサルがじっと見つめてきたら、なるべく相手を見ないようにする。視線をそらすのです。相手をじっと見つめることは強いサルの特権なんです。学生のころからサルの社会をずっと見てきたので、霊長類にとってそれが当たり前の世界だと思っていました。人間以外の霊長類はすべて、いつも相手との力関係をわきまえながら、弱い立場の者はトラブルを避けるために自分から身を引く社会に生きている、というのが定説だろうと思っていたのです。

ヴィルンガ火山群に棲むマウンテンゴリラの「ピーナツ・グループ」を追いかけてしばらくたったある日のことです。シリーという若いオスが私のところへ近づいてきました。当時、シリーは九歳ぐらいで体重は一〇〇キロほどもあり筋骨隆々。

力も非常に強い。若いと言ってもあなどれません。

ゴリラはニホンザルの一〇倍以上の大きさがあり、当然、体重も私より重い。シルバーバックになると、約二〇〇キロにもなります。腕は丸太のように太く、手はグローブのように大きい。手首でさえ私の指が回らないほど太いのです。大きいといってもせいぜい体重が十数キロのニホンザルとは比べ物にならないほどの迫力の持ち主でした。

そんなゴリラのシリーが、私から二、三メートル離れたところで、ジッとこちらを見つめている。「これは、いかんぞ」と思いました。

ニホンザルと接するときには、私たちは極力彼らを刺激しないように心がけています。こちらがサルをじっと見つめると、上下関係に則って向こうは怒るか、目をそらします。どちらにしても互いの間に一瞬の緊張が走ります。相手がオスなら攻撃を受けかねません。それが自分の社会的地位を示す、あるいは自分の社会的地位を守るための彼らの流儀なのです。

シリーと対峙したとき、きっとニホンザルと同じように威嚇しているんだと思って、私はすぐに目をそらしました。「ガンをつけたな⁉」と人間社会で俗に言う

「因縁」をつけられる恐れがあると思ったからです。

そこで「ほら、オレは目をそらしているだろう？　これで満足だよな？」と、横目でシリーの様子をチラチラうかがうと、彼はキョトンとした不思議そうな顔をしている。まずいことには、なおもジーッと私を見つめ、さらに距離を詰めてきたのです。私はとにかく目を合わせまいと下を向き、この危機的状況をやり過ごそうとしました。

すると、シリーは下に向けた私の顔のほうへ自分の顔を近づけ、真正面から私の顔を見つめ始めたのです。その距離わずか二〇センチ――。目と鼻の先でこちらを見つめ続ける巨体に、私はますます身を硬くして、視線を下に向けたままとにかく耐えました。

一分ほどその状態が続いたでしょうか。ようやくシリーは二、三歩下がって、「グフーム」と唸《うな》り、両手で胸をポコポコポコポコと力任せにドラミングして去って行きました。それを見て思ったのです。これはどうも様子がおかしいぞと。

ニホンザルの場合、視線をそらせば「よしよし、こいつは刃向かうつもりがないようだ」と見きわめて立ち去ってくれます。ところが、不満気なシリーの様子に、ひょっとしたら対応の仕方を間違えたのかもしれないと思ったのです。

私がゴリラと付き合い始めてからというもの、彼らは私のすることが彼らの流儀に合わないときには、いつも忠告をしてくれました。たとえば「グフーム」というゴリラ流の挨拶をしながら近づいていくと、「コホコホッ」と言われることがある。「それ以上、オレに近づくなよ」と警戒音を出したりして、私にゴリラ社会のルールを教えてくれることもありました。

ゴリラと著者（ヴィルンガで）

シリーのドラミングは明らかに私の対応に不服な様子でした。

その後、改めて彼らを観察すると、シリーが私にしたようなことを、ゴリラ同士で行うのを割合頻繁に見かけました。彼らは視線をそらさず、顔と顔とをまともに合わせていた。そこで、初めて気づきました。どうやらこれは彼らの挨拶のようだ、と。そうか、ゴリラはニホンザルとは違うんだ、と。ニホンザルと同じようにゴリラと付き合っていたら、ゴリラのことは分からないと悟ったのです。

さらに詳しく観察してみると、顔と顔とを真正面から合わせる行為は、いろいろなシチュエーションで登場することが分かりました。交尾に誘うときや遊びの誘い。それから、ケンカをしている二頭の仲裁に入るとき。今にもケンカを起こしそうな二頭をなだめるときにも見られます。仲裁は対立している二頭の間に入り、それぞれの顔を「まあ、まあ」となだめるように、交互に真正面から見つめることで行われていました。

また、相手が持っている食物を分けてもらいたいときには、相手の顔を見つめながら近づき、相手が持っている食べ物をじっと眺めます。すると、見つめられたほうは食べ物をその場に置くか、セロリやアザミなどを食べていた採食場所を譲ってくれるのです。

顔をじっと見つめる行為は、相手を競合的な場所から立ち去らせる結果にもなりました。ニホンザルと決定的に違うのは、ゴリラの場合、弱い者が強い者の顔をじっと見つめることが珍しくはなかったこと。ゴリラが相手を見つめるのは、なだめや融和のための行動だったのです。

その後勤めた日本モンキーセンターではさまざまな種類のサルを見ましたが、やはりサルにはゴリラのような行動は見られませんでした。ニホンザルが視線をそらさない場合もありますが、そのときは、ニッと歯を剝《む》き出して笑ったような顔を見せます。「グリメイス」と言って、弱い者が強い者に「あなたと戦うつもりはありません」と意思表示をするときに使うのです。

一方、興味深いことに、チンパンジーにはゴリラと同じような行動が見られました。少し違う点は、相手の顔に自分の顔を近づけてじっと見るだけのゴリラに対して、チンパンジーは覗《のぞ》き込んだあとに抱き合ったり、グルーミング（毛づくろい）をしたり、握手をしたり、相手の口の中に自分の手を入れるといったさまざまな接触行動が見られたことです。チンパンジーの覗き込みは、接触する前のインビテーション（誘い）として機能していたのです。ニホンザル同様、チンパンジーもグリメイスという表情を持っていますが、お互いに顔と顔とを合わせても、グリメイスをしないケースが多かった。もしかしたら、これはサルと人間に近い大型の類人猿を分ける、非常に重要な現象ではないだろうかと思ったわけです。

人間も、対面して相手の顔を覗き込むことがあります。サルのように威嚇の意味だけでなく、さまざまな場面で覗き込みが見られる。しかし、人間はゴリラやチンパンジーのように、顔と顔を二〇センチ近くまで近づけることは滅多にありません。人間がその距離までお互いに顔を近づけるのは非常に親密な間柄に限られます。たとえば、お母さん、お父さんと赤ちゃんといった親子間や恋人同士。この特殊な間柄というのは、実は言葉のいらない関係性にあるのです。

言葉をまだきちんと理解できない赤ちゃんだから、お母さんは自分の顔を近づけてあやしたり、声を聞かせて安心させようとする。赤ちゃんは言葉の意味を理解できなくても、お母さんの声のトーンやピッチに反応したり、顔と顔とを近づけることによって、泣きやんだり、ケラケラ笑ったり、喜んだりする。

恋人同士にしても至近距離で見つめ合いながら、相手の名前を呼んだり、囁《ささや》きぐらいはするかもしれませんが、それは情報の伝達を目的にしたものではありません。つまり、至近距離での見つめ合いは相手をなだめたり、相手と自分との境界を曖昧《あいまい》にし、一体化を求めるときに起こるということに気づいたのです。


ゴリラやチンパンジーはあまりに顔を近づけすぎるために、相手の顔の輪郭はぼやけ、おそらくまともに視覚でとらえられているとは思えません。まさに、自分と相手との境界が曖昧になって、相手と一体になっている状態ではないでしょうか。

だからこそ、相手と自分の気持ちを一つにして、相手に自分の言うことを聞かせる、もしくは一緒に何かをしようよ！　という誘いの合図になり得る。

人間のお母さんと赤ちゃんも、たぶん恋人同士だってそう。キスをする前に互いに顔を近づけて見つめ合うことがありますが、チンパンジーの接触行動とどこか似ていると思いませんか。

食事や会話は、対面を持続させる

こうした非常に特殊な間柄で起こる見つめ合いには、あまり持続性がありません。

ところが、もう少し距離を置きさえすれば、長時間にわたる対面が可能です。そういうとき、われわれはたいてい会話や食事を伴っています。

ややもすると、私たちは言葉を交わすために対面している、食事をするために向かい合っていると思い込んでいる節がありますが、「いや、待てよ」と考えました。もしかしたら、食事をしたり、言葉を交わすのは、対面という行為を持続させるための装置にすぎないのかもしれない、と。

人間の顔とゴリラやチンパンジーの顔を比較してみると、非常に大きな違いがあることに気づきます。それは目です。人間の肌や瞳の色は人種によって違いますが、白目は誰でも一緒です。人間の目はサルや類人猿と比べて、横に広くて白目の部分が大きい。

横に長いのは、かつて木の上で暮らしていたヒトの祖先が地上に下りるようになったことで、上下ではなく、横に視線を広げる必要があったためだと考えられています。つまり、三次元の空間から二次元平面に生きるようになり、地面にいる生き物たちの動向を観察するために目が横長になった。では、なぜ白目が誕生したのか――。

これは小林洋美《ひろみ》さんと幸島司郎《こうしましろう》さんの研究で発表されていますが、向かい合って人間の目を見ると、白目のおかげで相手が見ている方向がよく分かります。しかも、目の動きから、相手の心の動きを推し量ることもできる。目の表情にはとても多様な意味があって、たとえば、「目を三角にする」「目を丸くする」「目を皿にする」と私たちはごく自然に言いますが、では、いったいどういう表情なのかと改めて問われると、言葉ではなかなか言い表せません。しかしながら、そういった微細な目の動きによって、相手の感情を無意識のうちにきちんと読んでいる。社会交渉の役に立っているのです。

人間は、向かい合って会話をするなかで、相手の表情からさまざまな情報を読み取っています。いったい相手はどんな気持ちを自分に抱いているのか？　相手はどんな性格なのか？　自分をどう評価しているのか？　と。

言葉の意味を超えたコミュニケーション

私のもとにはときどき、学生から「京都大学に入りたいと思っているので、話を聞きに行ってもいいですか？」とメールが来ることがあります。でも、実際に会って話してみると、なかには「ところで、山極先生はどんな研究をしているんですか？」と聞いてくる学生もいる。いくつもの大学を回っているのかもしれませんが、会って何を話そうか？　ということを自分の中で整理する時間を事前につくっていないのでしょう。会う機会は自分からつくった。でも、相手と会ったら何が起こるのか、あるいはそれが自分にとってどういう意味を持つのかということまで考えていない、ということだと思います。

メールは単なる挨拶で、しかも要件だけを伝えるコミュニケーションツールです。相手とのタイムラグもあります。

一方、対話は相手との間で同時発話的に進みますから、その過程で何が起こるか分かりません。可能性は無限にある。相手から問い返されたら、そのたびに的確な答えを用意しないといけませんし、自分の考えが変わることがあるかもしれない。ところが、対話の内容そのものも、メールのように要点だけを聞いたり話したりすればいいという感覚の人もいるようです。

要点というのは〝意味〟です。でも、実際に必要なのはお互いを知り合う時間と、可能性。私たちは「こいつは口ではこんなことを言っているけど、本当は違うことをしたいんだろうなあ」などということも慮りながら、あえて言葉には出さずに対話をしています。メール的な対話では、相手のそういう気配を読み取ったり、利用したりする社交技術のようなものが完全に抜け落ちてしまいます。つまり、言葉の一つひとつから伝わる意味だけを、非常に狭くやり取りすることになるんですね。

たしかに人間が獲得した言葉という道具は、意味を伝えるには非常に有効な方法ですが、相手の気持ちや人格を判断するには不十分だったのでしょう。

言葉は人間が最後に手にしたコミュニケーションのツールで、しかも登場したのはせいぜい数万年前ですから、人類の七〇〇万年の進化史から考えると、極めて最近に当たります。きっと人間はまだ言葉という道具を使いこなせていないのでしょう。言葉だけで相手を評価したり、人格を理解することができない。それどころか、言葉を使って自分をあますところなく表現することだってできないのですから。

だからこそフェイス・トゥ・フェイスのコミュニケーションはなくてはならなかった。とりわけ相手の目の表情をきちんと読むために、対面の時間を長く取る必要があったと考えられます。

人間にとって言葉が先か、対面が先かは、まだ明らかになってはいませんが、たぶん対面が先だろうというのが私の考えです。

もし言葉が意味だけを伝えるものだとしたら、われわれは会話をするときに対面する必要はありません。背中合わせに話をしてもいいし、お互いに明後日《あさって》の方向を向きながら話しても問題はないはず。今は携帯電話ができたために、対面せずとも話せる場面が増えてはいますが、しかし就職の面接や商談のような重要な場面では、やっぱり私たちは直接会って相手の顔を見ながら話をします。

人間は言葉でいろいろな刺激を与えながら、相手の表情や目の動きを読み、相手の気持ち——どういうときに相手が昂《たかぶ》るのか、どういうときに怒るのか、どういうときに優しい気持ちを抱くのか、ということを判断してきたのでしょう。ですから、本来、会話は対面のためにあった。もしくは、対面と相補的な関係にあったと言えるのかもしれません。

言葉より「構え」を磨け

おそらく人間は対面的な交渉を非常に重視したために、それを長引かせたり、アクセサリーや調度で飾ったりしながら、コミュニケーションをつくり上げてきたのではないでしょうか。

たとえば、お見合いの席には壁に絵が飾ってあったり、床の間には四季折々の生け花や掛け軸のようないろいろな調度があります。そして、お決まりのように外には庭園がある。何もない空間に二人で座らせたらしんどいからです。それが場の設《しつら》えというもの。初対面の人と相対すれば、緊張して会話が弾まないことも少なくありません。それがお見合いの場ならなおさらです。そんなときに「お花、きれいですね」などと、話の口火を切らせてもらえるようなものがあったり、壁に掛かる絵を見て最近訪れた美術展の話をするというように、話のヒントになるようなものが鏤《ちりば》められている調度品に助けてもらえる。

人間はサルと同様、視覚が優位な動物です。気になる情報が耳に入れば、実際に自分の目で見ないと気が済みません。「火事だ！」という声が聞こえれば、現場に駆けつける野次馬がいる。恋人が浮気をしているという情報を友人から聞いたとしても、現場を押さえないことには、どこか半信半疑だし、スリは現行犯しかあり得ないように、見なければ証明できないことも多い。われわれが帰るところはやはり視覚的な情報なのです。人間にとって「見る」ということが真実を知ることですから、対話の際にも、言葉のような音声の他に、視覚に映るさまざまな「構え」が必要なのです。

対話の基本は、実は構えだと私は思っています。深刻な話をされている最中に、足を組み、ふんぞり返って聞いている人は滅多にいません。膝《ひざ》を揃えて畏《かしこ》まって座れば、その態度は時に言葉以上に相手から評価されることをみんな知っているからです。

他にも、言葉以外の情報から受け取るものといえば、「品格」が挙げられるでしょうか。

野生のゴリラを見るなかで私が感じたのは、ゴリラのドラミングが歌舞伎の見得《みえ》とそっくりだということです。彼らは一歩も引かない、という構えをする。相手に対して頑と自己主張をし、相手と対峙しようという態度。しかも、興味深いことに、ドラミングは相手への攻撃に必ずしも繋がるわけではありません。きちんと相手との間にバッファ（緩衝装置）を設けている。とくにシルバーバックの構えにはほれぼれするような品格を感じます。

たとえば、オオカミが牙を剝き出して迫ってくる様子は獰猛《どうもう》だとは思っても、品格を感じることはありません。ゴリラのように相手との間にきちんと距離を置く。そして相手の出方を待つ。そういう抑制力と許容力から醸《かも》し出される余裕に、われわれは品格や美を感じるのではないでしょうか。

歌舞伎の舞台を考えてみてください。たった一人で見得を切ってもしようがない。観客がいて、舞台上にも自分に注目している別の役者がいる。そういうなかで見得を切るあの姿がひときわ際立って見える。周囲の態度が一体となっているからです。しかも、拍子木に似た柝《き》で板を打つツケが調子良く「バタバタ」と打たれて場が最高潮を迎える。観客席からは「松島屋！」と声が掛かったりもする。

ゴリラの場合も周りに誰もいないところで単にドラミングをしても、さほど威厳は感じられないでしょう。彼らがドラミングをするときには、だいたい周りのメスや子どもたちを意識しています。自分に注目が集まっているのも彼らは知っている。そのなかでドラミングをして目立つという行為が、周りを唸らせるような美しさを感じさせるのかもしれません。そのためには泰然自若《たいぜんじじゃく》としていないといけないわけです。

泰然自若とは自分だけでできるものではなくて、人がそう感じてくれるからこそ、泰然自若たり得る。自分は泰然自若としているつもりでも、単なるのんびり屋に見えたり、何も考えていないかのようにアホに見えたりする可能性もある。つまり、品格を感じさせるということも、実は無言のコミュニケーションの一つというわけです。シルバーバックのように私も泰然自若としていたいところですが、これがなかなか難しいんです。

ゴシップが道徳をつくった

「会う」ということは、相手の人格を知る手がかりになります。私たちはフェイス・トゥ・フェイスのコミュニケーションで、「感じのいい人だな」とか「この人なら、そうひどいことはしないだろうな」とか、逆に「ひょっとしたら、悪さをするかもしれないな」というように、未知なる可能性を含めて相手を見ています。もちろん思い込みもあります。だから、裏切られたり、騙されたりすることもある。

では、その人の未知の部分を、いったいどこで学ぶかというと、実は噂話がそういう機会をつくっているのです。

井戸端会議のように人が集まれば、「○○さんって立派な方よねえ?」「うん、本当ね」「あ、でも、実は結構小心者のところもあって、この間なんか……」というように噂話が始まり、自分が持っていたその人の像が崩れることもある。そういうことが体験として積み重なっていく。だから、ゴシップはバカにしたものではなくて、むしろとても重要なものなんです。

私が子どもだったころは、毎朝、箒《ほうき》片手にみんなが家の前を掃きながら、あるいは落ち葉を集めてたき火をしながら、あそこのうちのご主人がどうだ、どこどこの家の子どもが万引きで捕まったらしいよといった噂話を、子ども同士も、大人同士でも言い合っていました。

家への人の出入りもたくさんあったので、戸口でおしゃべりに夢中になっている大人の話は子どもの耳にも入ってくる。昔の家は建て付けが良くないこともあって、往来で話している人の声も聞こえてきます。銭湯でのご近所さん同士の会話も聞くことができた。そういう話を聞きながら、人間社会ってこういうふうにできているんだなということを、子どもは自然に覚えていったのです。

狩猟採集民の研究で著名な文化人類学者クリストファー・ボームは、著書『モラルの起源』（斉藤隆央訳　二〇一四年　白揚社）のなかでゴシップについて触れています。彼は人間にしか見られない道徳的行動が進化の過程でどのようにして生まれたのかを解明しようとしたチャールズ・ダーウィンの「良心」への関心を出発点としました。ダーウィンは、あらゆる地域の先住民に恥ずかしさで顔を赤らめる現象が起こることを、世界中の植民地の行政官や宣教師からの報告で知りました。「恥」という感情の表れである赤面は、人類誕生以来、すべての民族に普遍的に備わっている性質ではないかと彼は考えたのです。

人間は誰でも、自分が恥ずかしいことをしたと思ったら顔を赤らめる、という生理現象を持っています。生理現象ですから起源は非常に古い。しかしながら、人類に近い類人猿が顔を赤らめることはありませんから、進化の過程で人間だけが獲得した現象だと考えていい。

一方で、罪の意識は生理現象に表れません。加えて、文化による違いがあることを考えても、比較的新しく生まれたものだということが分かります。

では、いったい人間はどのように罪の意識を持つようになったのかといえば、噂話のなかで「これは善いこと、これは悪いこと、これは褒《ほ》められること、これは貶《けな》されること」と、さまざまな事象を内面化していくことで身に付けていったと考えられるというのです。

自分が実際に同じような場面に出くわしたとき、頭をよぎるわけです。自分はあんなふうに噂されるのは嫌だな、と。だからこそ、悪い噂を立てられるような行動を差し控えたり、反対に人から褒められそうな行動を積極的に取ったりする。ここにこそゴシップの重要性があります。

法律による罰を恐れるのではなく、人の噂に上ることを恐れて悪事を思いとどまる。実はゴシップが共同体のルールを守らせ、共同体にとっての安全装置のような役割を担っていたと考えられるのです。

私が今懸念していることの一つは、引きこもりの人たちが増えているということです。引きこもっていてはゴシップに参加できませんから、自分の考えだけに籠もってしまう恐れがある。それでは善悪の判断が身に付きづらく、自分だけの妄想が始まってしまう危険性があります。人との対話は妄想を抑えるのにも役立つのです。

引きこもりに限らずとも、近所での井戸端会議がどんどん減っているということは、安全装置となるものが減っているということです。家を出入りする御用聞きのような人もいない。銭湯も少なくなった。いまやゴシップやスキャンダルを得るのは、テレビや週刊誌、インターネットのようなメディアからです。ゴシップはゴシップでも、自分にとって身近な人の話でなければ、もし自分も同じようになったらどうしよう？　というふうに自分の身に置き換えて考えることが難しいのです。

政府が道徳教育の充実を図るために道徳を「特別の教科」にしましたが、それよりも近所の噂話とゴシップを再燃させるほうがずっと効果的だと私は思います。たとえば、みんなでわいわいがやがやするコミュニティセンターのような空間を設ける。学校にいるときでも、登下校中でも、子どもたちが話す場を増やす。そういう〝生の会話〟でなければ、結局のところ個人個人が文字情報だけで世界を判断することになってしまいます。

しかし、私は、世界というのはもっと生きたものではないかと思うのです。人々の動作や仕草の端々《はしばし》に表れるような生の世界。そこを通じて共同体の中で自分がどう生きるべきかを覚えていく。道徳を覚える、倫理を覚えていくわけです。道徳は教科として教わるものではなく、自分の身近な人の経験を通じてしか獲得できないものだと思います。

機械とでなく生きたものと付き合うこと

今から数年前、理学部相談室の先生から「理学部の学生は大変ユニークですね」と言われたことがありました。人間関係のいざこざで悩む大学生は多いそうですが、理学部では「友だちができない」という相談が多いと言う。そこで、人間関係をつくるきっかけになればと、先生は悩みを持った学生たちを動物園に連れて行ったのだそうです。動物を介して話は弾み、コミュニケーションをとることができたという話を聞いたことがあります。

それまで学習に精を出してきた学生たちが、学年も出身も違う、趣味も異なる人がいるキャンパスに放り出されて、さてどうしたらいいのだろう？ と悩んでしまったということなのかもしれませんが、これは単に会話がうまくできないという話だけではありません。小さいころから二人や三人でやり合ったりすることが楽しいと思う環境に慣れていないと、友だちはなかなかつくりにくいんです。

友人との関係は、もちろんいいときばかりではありませんが、ケンカをしたからといって完全に縁が切れるわけではない。それが「友だちでいる」ということですよね？ 嫌ならやめればいい、やり直しがきくというような機械的な環境にいると、すべてが振り出しに戻れる、スイッチをオフにできると思ってしまうのかもしれません。でも、嫌なときもあれば、いいときもあるのが友だち。そういう付き合いを経験していないと、友だちはなかなかできないんです。

ゴリラを見ているとよく分かります。動物園でずっと一頭で飼われていたゴリラは異性とお見合いをさせてもうまくいきません。交尾もできないし、うまく同居することさえできない。同居したメスに強いストレスを受けてショックで死んでしまうオスもいます。人間としか付き合ってこなかったために、たぶんメスの勢いに押されて上手に自己主張できないのだと思います。

動物園のゴリラは小さいころに仲間と遊んだ経験がありません。自分の身体を介在させながら、どうしたら相手に気に入られるかということを身体感覚で覚えていないから、異性と出合ったときに、相手に気に入られるためにどう振る舞ったらいいかが分からないのです。

人間も同じで、あるときに友だちのつくり方を受験勉強のように頭に叩《たた》き込めばできるようになるというものではないんです。遊びや付き合いのなかで、自己主張したり、逆に相手の主張に耳を傾けたり、無意識のうちに身体が動いたり、自分をちょっと抑制してみるというような、体験的な学習が必要になってきます。だから、大学に入って急に「さあ、友だちをつくろう」と思っても簡単にはいかないでしょう。

世の中には時間をかけなければ、どうしてもできないものがある。どれほど科学技術が発達しても、子どもが成長していく時間や、友だちづくりは決して効率化できません。どうしたって時間が必要なのです。

では小さいころにそういう経験をしないまま成長してしまった場合、いったいどうすればいいかと言ったら、生きたものと付き合うことが、もしかしたら一つの突破口になるかもしれません。たとえば、自然の中に身を置くと、自分では予想もつかないことがいくらでも起こります。

ジャングルを歩いていると、突然、蛇が出てくるかもしれないし、ばったりゾウに出くわすかもしれない。草を分け入ってみたらゴリラと鉢合わせ、ということだってあるわけです。ある程度、何が起こるか予測のつく町中とは違って何が降って湧いてくるか分かりません。そういう自然の中では一〇〇パーセント正解ではなくても、決定的な間違いはしないという鷹揚《おうよう》さが必要です。そのためにはいろいろな体験を通じながら、どうやって反応したらいいのかをその都度身をもって覚えていくよりほかありません。そのうえで、いつ何が起こってもいいような「構え」をしておくことです。自然との付き合いは、良い訓練の場になると思います。

それから、相手と付き合うときには、相手の反応を引き出すように自分が反応することも必要です。相手を止めるような反応をしてしまうと、相手を萎縮させてしまったり、最悪の場合、相手を逃がしてしまいます。そういうことは子どものころにケンカ別れをしたり、仲直りしたりしながら覚えていくものなのです。

私が総長になる前、理学研究科の人類進化論研究室にいたころは、学生たちと一緒に、春は山菜採り、秋はキノコ狩りに行っていました。山菜もキノコもその場でみんなで料理して食べるのです。

毎週金曜日には「エンドレスゼミ」と言って、一人か二人の院生が発表するのですが、何時間やってもいい。時間制限なしのゼミです。私が学生のときには一人で九時間も話し続けたことがあって、さすがにこの記録はまだ誰にも破られていません。

ゼミでは発表した素材をもとに、みんなで料理していきます。「お前はそういうことを言うけれど、オレはこう思う」「そんなこと言っているけど、本当に確かめたの？」「こんなことを言っている人もいるけど、どう思う？」というように、話題は際限なく広がっていく。そのうち、夕方になり、夜になってあたりが暗くなる。「じゃあ、酒でも飲みながら」ということになって、学生たちは朝まで話し込むこともあります。さすがに私は教授になったあたりから、「シンデレラボーイ」と自称して夜の一二時には帰っていましたけれど。

そんなふうに話や行動を共にすることで、人との触れ合いを覚えていくようになる。それは同じ研究室の仲間だから、割と簡単にできるわけです。でも、われわれのような研究者に必要なのはフィールドに行って、いろいろな立場、いろいろな文化の人たちと、同じように触れ合いながら彼らの気持ちをきちんと理解し、こちらの言いたいことを伝えるというコミュニケーション能力をつけることです。さすがにこれは一筋縄ではいかないようでみんな苦労します。

「共にいる」幸福感を疎外するのは「所有」

人間は「共に生きる」という感覚なしには幸福感が得られない動物だとつくづく感じます。それはそもそも人間の定義がそうだからです。だから、自分が行う行為の先には常に相手がいる。物理的には誰もいなくても、神であったり、不特定多数の世間のような何かしらの相手が必ずいるのです。そのなかで自分がつくられていく。自分が自分を定義するだけでは成り立たない社会を生きているから、誰かというう感覚が常につきまとっている。子どもといたり、恋人といたり、あるいは嫌なヤツと一緒にいることもある。いずれにせよ、決して一人ではない。誰かがいるという、そういう世界。人間というのはもともと社会的な動物なんです。

もし引きこもっていっさいの人間を遮断してしまったとしたら、そもそも人間であることを否定していることにも繋がりかねません。なにも会話によるコミュニケーションが取れなくてもいいのです。少なくとも誰かが共にいるという感覚を受け入れることができれば。もっと究極的なことを言えば、「誰か」は人間でなくてもいいのかもしれません。そばに生き物がいることを受け入れられれば大丈夫です。でも、それすら拒否し始めたら危ういかもしれません。

たとえば、子どもがいなかったり、わが子が独り立ちして二人だけで暮らす夫婦が、ペットを飼うケースは少なくありません。ともすれば、子どもの代わりに可愛がっていると思われがちですが、実は違うのではないかと私は思っています。

夫婦二人だけでいることと、そこに子どもがいるのとでは、ずいぶんと違います。なぜなら、大人の感覚とは違う生き物がそばにいるからです。すると、大人はそこに注意を向けざるを得なくなる。その瞬間、夫婦二人は同じ世界の側にいるということを意識するのです。そういう意味ではペットの存在も同じこと。だから、言い合いなどをした後で、ちょっと二人の間の空気がギクシャクして相手のことを「ああ、やっぱりオレとは違う世界の人間なんだな」と思ったとしても、そこに子どもが入り込むことによって、子どもから見ればこっちは同じ世界なんだと実感できるというわけです。

アフリカではさまざまな民族の人たちと共にゴリラを追いかけてきましたが、なかには敵対し合っている民族もいました。でも、ゴリラを共に見ることで、やっぱりオレたちは同じ人間なんだという気持ちになる。それまでのわだかまりを超えて協力し合える。そういう感覚が人間には備わっているのです。

日本人同士で揉《も》めごとがあったとしても、アメリカ人やイギリス人がそこにいれば、途端にオレたちは日本人だという感覚が顔を出す。自分たちとは異質な存在が目の前にいることで同族意識が芽生え、連帯意識が増幅するということを、人間はいつの時代でも経験してきました。

逆に言えば、人間にはそれを利用してきた歴史がある。「エイリアンの襲撃」のような映画はなくなりませんし、日本が戦時中に掲げていた「鬼畜米英」というスローガンもそうです。敵をつくることで味方をつくり団結させようとする。悲しいことですが、こんなふうに人間がもともと持っている自然な心を悪用しようと思えば、割合簡単にできてしまうのです。

二〇〇一年にアメリカで起こった同時多発テロのあと、ブッシュ大統領はテロ組織とそれを支援する国家を許さないと明言し、各国に問いました。あなたは私たちの敵ですか？　それとも味方ですか？　と。境界を引いて敵味方を分けるということは、人間が犯してしまいがちな行為です。でも、それはそもそも誤った見方で、人間が陥りやすい罠《わな》だということを決して忘れないでほしい。

こうした感覚は、人間が定住して農耕を始めてから非常に強くなったと私は考えています。つまり、価値を守るために人々は連帯しようとし始めた。ここでいう連帯とは自分たちが有利になるように、同じような欲望を持った他の人たちを押しのけようとする行為です。そして、そこに「われわれ」と「彼ら」のような明確な差別化を見出したのです。

人間が長いこと続けてきた狩猟採集の社会では、土地に食べ物がなくなればあちこち移動しながら生活をしていました。今でも狩猟採集を続けているピグミーや砂漠に暮らすブッシュマン（サン人）は、数百平方キロメートルから一〇〇〇平方キロメートルほどの地域を食べ物を求めて移動していますから、固有の土地や家を持っていません。価値が固定されず、移動すれば価値が変わる世界に生きているのです。そもそも財産なるものを持って移動することはありませんでした。

そういう世界から、農耕や牧畜によってある特定の土地に大きな価値が生じ、そこで利益を上げながら、仲間と協力してその利益を守るという「所有」の精神が次第に発達したことで、境界の内と外という発想が生まれてきました。

しかし、人類の長い歴史に比べると、農耕が発達してからせいぜい一万二〇〇〇年程度。おそらくそれはまだ人間の本性にはなっていないはずです。むしろ、「鬼畜米英」と叫んで敵を明確にしたように、人間が発明した言葉によってわれわれは幻想を持たされているだけ。だから、他の国の人とでも個人的に会って付き合えばいい友だちになれるのに、国という幻想の枠の中に押し込められ、国や民族の単位で相手を敵視してしまうことがあるのです。

問題は勝つか、負けるかという単純な解決策しかないと考えるところにあります。果たして勝つためには他の国と協力しないといけない、勢力を拡大しないといけない。果たしてそうなのでしょうか？　勝つか、負けるかの二者択一しかないのでしょうか？　土地の所有を巡る問題にしても、共同で利用することを提案することだってできるかもしれない。むしろ、真の問題は「自分たちの利益を守るために」という文言しか育たない精神のほうにあるのではないのでしょうか。

第5章

「分かち合って」食べる、飲む

食事は「平和の宣言」

先ほど類人猿とサルを分ける特徴として対面を挙げましたが、もう一つの忘れてはならない重要な違いが食事の仕方です。

われわれがサルと呼んでいるニホンザルやヒヒのような動物は、基本的には仲間内で食物を分かち合うということはありません（南米にはオマキザルやタマリンという餌を分配する珍しいサルもいますが……）。しかし、ゴリラやチンパンジーのような類人猿は餌を分け合います。

前章で少し触れましたが、美味しそうな餌を持っているチンパンジーやゴリラに、子どもやメスのように、いってみれば、弱い者、体の小さい者が近づいていき、そこで「覗き込み行動」が起こる。

チンパンジーは、まるで人間の子どもが行う「おねだり」のように、自分の手を差し出して分配の要求を迫ることもあります。ねだられたほうは、いったん口に含んだ食べ物をその場に置いたり、口から直接、切れ端を取らせてあげたりします。同様にボノボが好物のサトウキビをねだることもありますし、オランウータンにも同じような行動が見られることが分かってきました。ゴリラの場合も、子どもゴリラが葉や樹皮を食べる大人ゴリラに近づき、覗き込むと、大人ゴリラは場所を譲るという行動が見られることは知られていました。

でも、考えてみると不思議だと思いませんか。ゴリラが食べるセロリやアザミはあたり一面に生い茂っています。わざわざ誰かが食べている場所を譲ってもらう必要はないはずです。にもかかわらず、なぜ要求するのか。

考えられるとしたら、「ほかならぬあなたの食べ物がほしい」という要求なのではないかということです。つまり、食べ物が相手と自分との絆を確認する手段になっているというわけです。

さらに、最近ではもっと直接的な分配行動があることを発見しました。

ガボンでゴリラを観察していたときのことです。ジャンティ・グループのリーダー、パパ・ジャンティがトゥレキュリア・アフリカーナというフットボール大の果実を持ち、地面に腰を下ろしていました。トゥレキュリアはとても硬い皮を持つフルーツで、中には甘い果肉が入っています。パパ・ジャンティは果実を左手で持ち、右手で少しずつちぎって食べ始めます。周りには子どもたちや赤ん坊を背負ったメスが集まり、パパ・ジャンティの口元をじっと見つめます。

しばらくすると、パパ・ジャンティの膝にかじりかけのトゥレキュリアのかけらが一つ落ちました。そこへ一頭の子どもゴリラが手を出すと、パパ・ジャンティはその手をはらいのけます。ところが、次に手を伸ばした子には黙って取らせてあげました。さらに、かけらが落ちると、今度はさっき手をはらった子どもに取らせてあげます。

なかには、食べずにかけらを落とすこともあるので、パパ・ジャンティの〝食べこぼし〟を皆で待っているわけではなさそうです。子どもとメスたちは、お互いの顔とパパ・ジャンティとをうかがいながら、そっと手を出す。みんな一度は手をはらわれ、一度はかけらを取らせてもらうことができました。もしかしたら、これはみんなに平等にフルーツが行き渡るように、というパパ・ジャンティの計らいだったのかもしれません。

親から子へ食べ物の分配が行われる種は、現在、約三〇〇種いる霊長類のなかでも限られています。さらに大人同士で分配が起こる種はごくわずか。そして、おと

ゴリラの食物分配（ガボンで）

なの間で分配が行われる種は、必ず親子間でも分配が起こる種だということが分かっています。

つまり、もともと親から子へ行われていた食物分配が、何らかのきっかけでおとな同士の間でも普及したと考えられます。おそらく人間も例外ではないはずです。

特筆すべきは、強い者が独り占めをして食べるサルとは正反対で、体が大きいほうが分配をするということ。執拗《しつよう》に肉の分配を要求するチンパンジーのメスに取り囲まれたオスが、不承不承といった様子で肉を分け与えることもあります。結果的に、チンパンジーたちは同じ場所で、同じものを同時にみんなで食べることになる。これが食事の原形になっているのです。

われわれ人間も、レストランではそれぞれ違う料理を食べることもありますが、基本的には同時に同じものをみんなで食べます。私たちはそれを何の疑いもなく、当たり前のように日々行っています。しかも、ゴリラやチンパンジーのように要求されなくても、食物を持っている者がわざわざ相手のもとに運んで「一緒に食べましょうよ」なんてことを言う。なんでそんなバカなことを⁉と、争いを避けるために弱い者が身を引くというルールを徹底させたサルなら思うでしょうね。実はわれわれが日常的に行っているのは、非常に不思議なことなのです。

ケンカの種になりそうなものを相手との間にわざわざ置いて、仲良く一緒に食べましょうと食べ物を囲む。ということは、私たちは誰かと食事をするたびに「平和の宣言」をしているとも言えると思いませんか。（ケンカの種となり得る）食べ物を、あなたと私は仲良く食べられるような関係にありますよ、ということを、最初から前提として向かい合っているわけですから。

二〇〇二年の日朝首脳会談では、小泉純一郎首相が北朝鮮を訪れました。会談は滞りなく進み、小泉首相と金正日国防委員長がにこやかに握手をしている映像もニュースで流れました。ところが、注目すべきは食事を共にしていないということです。もしあのときに首脳同士がテーブルを挟んで会食をしていたら、北朝鮮と日本は完全に和解をしたのだと私も思ったでしょう。でも、食事を共にしていないということは、まだ和解には至っていないことが誰の日にも明らかです。第三者からすれば、大人同士が対面し、一緒のものを食べるという行為はそれほどまでに重要なことなのです。

われわれは意識的にでも、無意識的にでも、大事なことを話すときには、食事を伴うことが少なくありません。そういう場を設け、そこで食を通じたコミュニケーションをとることで、私たちは他者を受け入れてきました。食事の場を設けるということ自体が、和解を前提にしているのです。

食事は、人間がチンパンジーの共通祖先と別れてから、最初につくりあげた最も重要なコミュニケーションだと思います。サルにとって食事は一般に非常に個的な行為です。それを人間は自分の食欲を抑制し、相手と同調させながら、やり取りにしました。しかも、みんなで食べると、食事がより美味しく感じられたりもする。一共食の不思議な魅力です。栄養補給の面から見れば、非効率極まりありません。一人で食べれば数分で終わるものを、時間をかけてみんなで食べるのですから。

今の食事の形態は料理を出す順番や、味つけ、配膳の仕方、料理と食器の合わせ方のような工夫を重ねたうえで、できあがっています。でも、食事のプリミティブ(原初的)な段階で大切にされていたことは、やはりやり取りや同調だったと思います。食は人間にとっていちばんプリミティブで大切なコミュニケーションなのです。

酒は「ケ」から「ハレ」へのスイッチ

さて、これまで触れてきた対人関係や交渉術の話のなかに何度も「酒」が登場していたことにお気づきでしょうか。私が酒好きだからという理由ももちろんありますが、対話におけるお酒の効能は見逃せないものがあります。ここで、少しお酒の話をしましょう。

ニホンザルの研究のために屋久島へフィールドワークに行っていたころは、毎晩のように島の人の家を渡り歩いて飲んでいました。研究者も島の人たちもみんなで集まって飲む。屋久島の人たちは、お酒が入って歌って踊ることが楽しみ。思えば、とても品の良い宴会でした。

私たち研究者は土地の人たちと違って、歌うことも踊ることもままなりませんから、まずは歌と踊りを必死に勉強して覚えました。屋久島の踊りといえば、「鹿児島おはら節」のような盆踊りもありますが、お酒の席での踊りは、いわゆる民謡踊りです。

たとえば「岸壁の母」のような歌謡曲の歌詞に合わせて、毎日息子の姿を捜しにシベリアからの引き揚げ船を岸壁で待ちわびるような身振り手振りを加えて芝居を打つ。「いよっ、待ってました！」と声が掛かったりして、時には小道具まで用意してみんな歌に合わせて代わる代わる踊るわけです。

ただ、日本全国どこでもそうだと思いますが、島の男たちも奥さんには頭が上がらないのでそう長居はできません。ころ合いを見計らって引き揚げるのですが、まだちょっと飲み足りない。結果的に家から家へと渡り歩くことになるというわけです。どこの家でもお酒と、おつまみのような料理を出してくれるので、基本的に研究者たちは〝タダ飯〟をご馳走になっていました。

お世話になってばかりはいられないと、夜釣りで釣れた魚を持っていこうものなら、「まあ、ちょっと上がっていきなさい」と、結局、ご飯とお酒をいただくことになる。屋久島でフィールドワークをしていた一九七〇、八〇年代はそんな日々を送っていました。

ところが、あるとき、島に初めてスナックができたのです。すると、それまでは酒が入って歌って踊って良い気分になれば十分だった島の人たちの間に、言い争いが起こるようになりました。島の誰かの家で、家のご主人や奥さんに少し気がねしつつお酒を飲むのとは違って、「オレの金で酒を飲んでいる」と思うと、つい気が大きくなってしまうのでしょう。みんなの意識がガラッと変わってしまいました。結局、せっかくできたスナックは掛け売り倒れですぐに潰れ、また歌と踊りの平穏な日々に戻ったのですが……。

私が京大の大学院に入った一九七五年は飲み屋全盛時代。先輩や先生からは「フィールドワーカーたるものは、酒とタバコができんとあかん」とよく言われたものでした。自然人類学教室は、タバコの煙がもうもうと立ち上がっているわ、酒瓶はゴロゴロ転がっているわ、二日酔いで寝ている人はいるわ、花札をやっている人はいるわで、最初に訪れたときは度胆を抜かれました。

実際にフィールドに出たら出たで、アフリカや屋久島の地元の人たちと一緒にお酒を飲むことで距離が縮まり、調査に関わる情報やその土地に伝わる昔話、森の植物や動物たちのことなど、たくさんの話を聞かせてもらいました。

大学院生のころ、毎晩のように酒を飲み、何度も不覚の事態に陥りながら酒の飲み方を覚えたことが、フィールドで非常に役に立ったというわけです。強い酒を飲んで人事不省になりそうになっても自分をきちんと保つことができたのは、京都での〝訓練〟の賜物《たまもの》だと思っています。

しかしながら、私に本当のお酒の意味を教えてくれたのはアフリカの人々でした。私が訪れた赤道付近の中部アフリカには大きく分けて二種類のお酒があります。

一つ目はバナナでつくったアルコール分がさほど強くない「カシキシ」という醸造酒。果物として食べるバナナよりちょっと太めの種類のムチョチョというバナナからつくられるお酒です。カシキシは驚異的に安いお酒で、ありがたいことにいくら飲んでも懐はほとんど痛みません。ただ、日にちを置くとどんどん発酵が進み味が落ちてしまうため、長期間の保存はできません。だから、その場でワーッとみんなで飲み切らないといけないのですが、ちょっと薄めのどぶろくのような味がしてとてもおいしいお酒なのです。

村にはカシキシをつくる家が点在していて、それぞれできあがる日が違います。だから、「今日はあの家のカシキシが飲みごろだ！」「明日はあの家だ！」と、みんな毎晩、飲み歩く。お祝いごとのときには、必ず頼んでカシキシを仕込んでもらい、ちょうど飲みごろのときに持って来てもらうというのが、その地域のならわしでした。そこで、みんなで飲んで歌って踊る。屋久島の人たちとほとんど一緒ですね。カシキシのアルコール度数はビールと同じぐらいなので、悪酔いすることもなく、気分を高揚させて楽しく歌って踊るにはもってこいのお酒でした。

もう一種類は「カニャンガ」や「チョルシー」と呼ばれる蒸留酒です。焼酎のような味のするお酒で、いったんできたカシキシをドラム缶や鉄製の鍋に入れて沸騰させ、アルコール分を含んだ蒸気が通るチューブを水で冷やして液体にする。できあがったお酒は、非常にアルコールが強い。もちろん酔います。しかも悪酔いする。

だから、このお酒では、歌わないし踊りません。腰を落ち着けて真剣な話をじっくりするときに飲むのです。

相手の悩みを聞いたり、村で起こったトラブルをみんなで解決しようというとき、政府から来たお達しにどう対応するかというような、シリアスな話をするときにも用います。時には噂話をするときにも飲みますが、いずれにせよ徹底的に話をするときに飲む。カニャンガを飲むとみんな饒舌《じょうぜつ》になります。とにかくしゃべるんです。

基本的には蒸留酒は男同士でいるときに、醸造酒のカシキシは近所のお母さんたちも、時には子どもたちも気付け薬代わりに飲んでいました。

この二種類のお酒は、今の日本でいうところの、ウイスキーとビールのようなものでしょうか。しかし、考えてみるとビールが日本で普及したのは少なくとも明治以降ですから、元来、日本人には「とりあえずビール」というような習慣はなく、一杯目から日本酒を飲んでいたはずです。あるいは、屋久島のような九州や沖縄では、一杯目から焼酎だったはず。これは日本独特の酒文化だと思います。

たとえば、フランスなら、ワインとブランデーがあります。イギリスなら、ビールとスコッチ。パブでワイワイ飲むのはビールで、じっくり腰を据えて話し込むときはスコッチというふうに、必ず二種類を使い分けるのが一般的なのです。

アフリカの宴会では私が酔っぱらったころを見計らって、相談を持ちかけてくる人もいました。酒を片手に「一杯やろうぜ」と家を訪ねて来たと思ったら、しばらくして「実は……」と相談事を切り出されることもあった。私も心得ていますから、酔ったフリをして相談に乗る。あるいは、酔ったフリをして無茶苦茶なことを言う。もしくは、酔ったフリをして忘れることもありました。

お酒というのは、「ハレ（非日常）」だと思います。「ケ（日常）」ではなくて。だから、カシキシを飲むにしても、カニャンガを飲むにしても、そのときの気分というものがある。だからこそ、飲んだときにしか言えないことを言う。普段との使い分けをするんです。

私がアフリカで覚えたのは、「誰と」「どんなときに」「どんなお酒」を飲むのかという使い分け。昔からお酒の席は「無礼講《ぶれいこう》」と言われていましたが、つまり、いかにお酒をうまく利用するかという意味も含んでいたのでしょう。

最近はお酒の席が得意ではない人が増えていると聞きます。たとえば、仕事帰り

カフジ（ザイール）での酒盛り（中央著者）　1978年

に先輩や上司に飲みに誘われたとして、お酒自体は決して嫌いではなくてもプライベートな時間まで付き合わされるのかと、正直うんざりするかもしれない。

でも、むしろチャンスだと思うこともできるのではないでしょうか。普段とは違う「ハレ」の場ですから、お酒を利用していつもは躊躇《ちゅうちょ》して言えないような踏み込んだ話ができるかもしれません。当然、上の立場の人は、「ハレ」の空気づくりをする気遣いもしないといけませんよね。

同調するなら、酒を飲め

カフジへの四度目の調査のときには、妻と、三歳の息子と二歳になったばかりの娘を連れて現地で家を借り、家族と共に暮らしました。

年末が近くなると、村人たちは客の出入りの多い家に狙いを定めて、ニワトリや酒を持って行きます。買ってくれ、というのではなく、みんなタダで持って来る。すると、その家はパーティを開かざるを得なくなります。私の家も例外ではありませんでした。

宴会を開くとなれば、近隣の人たちに普段お世話になっているお礼代わりに、ブタやニワトリを豪勢に振る舞わなければいけません。だから私のところへ持って行っても、彼らは「どうせいつかはオレのお腹に入るんだから……」と思っているわけです。ニワトリを持って行ったお礼に宴会に呼ばれ、もしかしたらブタをご馳走になるかもしれない。ニワトリがブタに化けたら、かなりお得です。

わが家に増えていくいただきものの酒やニワトリを見て、ある日、とうとう覚悟を決め、パーティを開くための家畜を新たに飼うことにしました。そこで、わが家で働く男たちに頼んでヤギとブタを市場で調達してもらうことにしたのです。

男たちは大騒ぎです。市場でヤギを探すのに、「これはちょっと痩《や》せすぎじゃないか」とか「ツヤが悪い」「目がトロンとしていて病気に罹《かか》っているんじゃないの

カフジ・ルフィロの自宅で著者（左端）、納知子夫人と二人の子、共同研究者のムワンザさん

か」という念の入れようで、なかなかこれというヤギが決まりません。最終的に家にやって来たのは、黒いたてがみを持つそれは立派なオスヤギと鼻面の長いオスブタでした。

ところが、わが家にヤギが来た日からどうも様子がおかしいのです。うちの庭をヤギを連れて通る人が多くなったような気がします。不思議に思ってわが家で働く男たちに聞いたところ、彼らはニヤニヤ笑うばかり。さらに問いつめてみると、彼らや近所の人たちがメスヤギを種付けに連れて来ているためだと分かったのです。してやられた！　と思いました。どうりでヤギ選びが真剣そのものだったわけです。私はまんまと彼らに利用されたんですね。

宴会を開くときにはカシキシぐらいは用意しないといけませんが、それ以外のお酒はみんなが持って来てくれます。「じゃあ、タムタム（太鼓）を呼ぼう」とか「踊り子を呼んで、今日は盛大にやろう」という話になれば、山の上からピグミーたちが大小の太鼓とリケンベという指琴を持ってやって来て、タンタカ、タンタカと賑《にぎ》やかに宴会が始まります。当日、朝からやって来て、庭に繋いでおいたヤギをつぶしてくれる人もいる。ホストだからといってさほど準備万端に整えなくても、宴会に向けて面白いようにさまざまなことが整っていく。私は「宴会を開くよ！」という宣言だけすれば、あとはみんなが勝手にやってくれるのです。

おそらく私一人でアフリカに住んでいたら、そううまくはいかなかったでしょう。家族が一緒に来てくれたおかげで、「ヤマギワはここに根付くつもりだな」と土地の人たちが思ってくれた。だからこそ、家族ぐるみの付き合いになり、私や家族の世話もこまごまと焼いてくれたのです。

子どもたちは、長男が日本語を覚えたて、長女は片言の日本語すら怪しい時期でしたから、当然、現地の言葉などまったく話せません。ご近所の人たちはマシ語という地元の言葉と、この辺りの共通語であるスワヒリ語、さらに時折交じるフランス語とのちゃんぽんだったので、日本でスワヒリ語を勉強してきた妻も歯が立ちませんでした。引っ越した当初、うちの家族はほとんどみんな現地の言葉を話せない状態でした。

ところが、そんなことはお構いなしに、近所の子どもたちは勝手にわが家にやって来ます。二カ月もすると長男はほぼ不自由なく会話できるようになり、近所の子どもたちと一緒に走り回って色とりどりの蝶を追いかけたり、亀を転がしたりして遊ぶようになりました。

カフジには家族で一〇カ月間住み、その後、長男が六歳、長女が四歳のときに、さらに一〇カ月住みましたが、二度目のときには子どもたちはスワヒリ語から日本語にも、日本語からスワヒリ語にも訳せるようになっていて、私よりよほど上手に言葉を操っていました。近所の子どもたちと付き合ううちに、自然とフランス語まで身に付いたようです。子どもは理屈ではなく、やっぱり身体で覚えてしまうのでしょうね。

重要なのは、いかに相手に同調できるかということで、これは対話も同じことだと思います。

子どものころは、みんな比較的簡単に同調できます。だから、相手が話していることをあっという間にコピーして覚えられますが、いったんどこかの文化を自分の中に入れてしまうと、なかなか他の文化に同調できないし、相手の言うことにスッと乗れなくなってしまう。

でも、相手に乗りつつ、相手を乗せつつ、なおかつ自分を保たなければ、相手とのやり取りは面白くならないのです。これは生得的なものではないので、場数を踏まないと上手になりません。それには、やっぱりお酒の力を借りるのがいちばんいいでしょうね。

お酒を飲むと相手とリズムを合わせやすくなり、相手を引き込みやすいし、乗せやすい。「そうそう、そうだよね！」と興奮して自分からも相手に乗れる。さらに自ら提案もできるようになる。普段とはテンションも変わってきます。ここが大事なところで、同調した記憶が自分の身体の中にあると「自分にもそういうことができるんだ！」という自信として積み重なっていくのです。

同調は人間の幸福感に繋がっているので、私たちは基本的に同調を楽しむことができます。典型的なのがお祭りです。お祭りには必ずお酒が入る。さらに、お神輿《みこし》や山車《だし》のようにみんなで一つのことを行って、ウエーブのように高まる仕掛けまで用意されています。

お神輿を見ていると、誰かがちょっと注意を与えるだけで、実に見事に統制の取れた動きを取ることに思わず感心してしまいます。これはサルやチンパンジーやゴリラには到底真似できない芸当です。

こうしたハレの時間を日常の対話の席に持ち込めるのがお酒の良いところ。だから、本来は楽しいもので、楽しむためには同調して乗ることが大事なんです。自分を相手に乗せられない人、つまり乗ることを楽しめない人は、お酒の席も、対話もつまらなく感じるかもしれません。

一概には言えませんが、ひょっとしたら兄弟がいなかったり、小さいころにあまりご近所付き合いがなかったために、さまざまな年齢層や複数の人たちとじっくり付き合った記憶や経験がないことも一つの要因かもしれません。

ハレの席には必ず大勢の人がいます。会話にしても、お神輿にしても、相手が勝手に入り込んでくるようなことが縦横無尽にあちこちで起こる。自分もまた、突然乗り込むことがある。それを楽しく思える経験がないと、相手に乗れなくなってしまうのです。

食卓の戦争は和解の訓練!?

一対一の付き合いしか知らないと、他の人間を上手に使うことを覚える場がなくなってしまいます。自分が母親と言い合いになったとしても、兄弟がいれば応援に来てくれたり、兄弟で言い合いになったときには母親が間に入ってくれることもあります。そういう場の積み重ねで、私たちは人を動かすことを自然と覚えていくのです。

本来は自分と相手との問題であっても、第三者を使って自分に有利に進めたり、こんがらがった糸をほどいてもらうというような作戦も立てられる。一対一の付き合いだと、二者間の話になってしまいますから、拒否するか、相手を動かすかの二択しかない。非常に厳しい局面に立たされてしまいます。

今、増えていると言われる「個食」も原因の一つだと思います。子ども時代にテーブルを囲んでいろいろな人とやり取りをする経験を積まないと、他の人を利用できなくなってしまう恐れがある。

先ほども触れたように、食物というのは本来、ケンカの原因になるものです。とりわけ子どもは自分の欲望に正直ですから、「ずるい！　お兄ちゃんのお肉のほうが大きい!!」などと、少しでも差があると不満を言う。算数なんてまだ習っていなくても、頭の中で瞬時に公平な分け方を計算できる。生きていくための自然算数のようなものがすでに身に付いているのでしょうね。

食卓では「お兄ちゃんの卵焼きと、おまえのポテトフライを交換しようぜ」というような取引も出てくる。食べ物の交換に限らず、食べ物を担保にして、自分が言いつけられたおつかいに代わりに行ってもらうというような取引も考えられるでしょう。提案された側は交換条件と今自分が持っているリソース（資源）が本当に見合うかどうか、素早く頭の算盤《そろばん》をはじく。まさに商売の原点のようなものです。そこでトラブルが起これば、誰かに仲裁に入ってもらう。私はこれを「食卓の戦争」と呼んでいますが、「食卓の戦争」を経験しないと和解の提案もできないのです。

「争い」というのは、そもそもは和解をするために生じるものです。和解をしたいがためにあえて争いを起こす。小さな争いを経験し和解をすると、より親しい関係になれます。要は、世間で考えられていることのほうがあべこべなんです。争いが起こるから和解をするのではなくて、和解するためにいざこざを起こすということがあり得る。直接、当人といざこざを起こさなくても、第三者とのいざこざを利用してその人を引き込み、友だちになるという戦略を立てることもあるでしょう。

食卓という、非常に人間の欲望をかきたてる食べ物が目の前に並ぶ場所は、さまざまな作戦が交錯する場でもあります。おのおののネゴシエーション（交渉）が繰り広げられる場なのです。

凍えるような寒い晩にアッアッの湯気を立てる鍋などは絶好の機会です。「あ、オレの豆腐が盗まれた！」「あのお肉、私が目を付けていたのに！」などと悔しい思いをしたことはありませんか？　そこで知らず知らずのうちにその場をどう丸く収めるかと各自、頭を働かせにかかります。好敵手が何人で、リソースはこれしかない。それをどういうふうに分けたら、自分も相手も満足するのかと。

時には時空を超えたネゴシエーションも始まります。「三日前にお姉ちゃんには私のお肉をあげたじゃない！　だから、今日は私に譲ってよ！」と、過去の記憶まで引っ張り出してくる。

私にも兄弟がいるので、子どものころには相当激しい「食卓の戦争」をくぐり抜けてきました。ボヤボヤしていると、あっという間に食べ物がなくなってしまいますから、競うようにして食べたものです。

自分で家族を持ったあとも、私と子どもたちは「いただきます」の直後に「ソレッ」という感じでご飯に飛び付いていました。それが一人っ子として育った私の妻の目には、とても不思議に映ったと言っていました。なんで、みんな競争するように急いで食べているの？　と。

しかも、「これ、私のだから、お兄ちゃん触らないで！」というような主張も始まる。それを横目で見ていた私が、他のおかずに箸を伸ばそうとすると、すかさず「お父さん、それ僕の！」と、長男の先制攻撃に遭う。主張しておかないとすぐになくなってしまうので、小さいころの子どもたちの口癖は「あとで食べる」でした。とりあえず自分の分は確保しておく。今はちょっとお腹がいっぱいで食べられないけれど、食べたいという欲望のほうが勝っていますから、宣言だけはしっかりしておこうというわけです。

自分の言いたいことを言い、相手にも言いたいことを言わせたうえで選択する。その過程で相手に同調したり、自分が引いたり、はたまた自分が主張して相手に同調させたり、反発させたりしながら取引をするという点では、対話も同じなんです。

そのうえ言葉がなくても、相手の目線や表情から「あ、あいつは、今あれを狙っているな」と想像することもできますから、「食卓の戦争」は相手を読む非常に大きな経験になります。しかし、こうしたネゴシエーションの能力は「食卓の戦争」の機会を与えられなければ開花しません。やはり「食卓の戦争」は経験すべきで、その後も食事を介在させながら、いろいろな人と親しくなるという経験をしなければ、対人関係の引き出しは増えていかないままです。こういう場合にはこうしたらいい、前にもこういうことがあったな、という具体的な解決策を知らないということですから。

昔はそこら中にあった駄菓子屋も、子どもたちにとっては交渉術を磨く社交場でもありました。欲しいお菓子が目の前に山となって積まれている。でも、手の中に握りしめているお金は一五円とか、せいぜい五〇円が限度です。ラムネを買ったら、ガムは買えない。アイスクリームだって食べたい。「うーん、どれにしよう……」、などと、私が子どものころは真剣に頭を悩ませました。

そこで、友だちと「オレはラムネを買うから、おまえはガムを買って、ちょっとずつ交換しよう！」と相談を持ちかけることもしょっちゅうありました。そうやって無意識に行っていた取引の経験が、大人になって生きてくることがあるのです。

言いたいことが言える横並び

私は食事のことを「柔らかいコミュニケーション」と呼んでいますが、単に言葉を交わし合うよりも、食事をしながらのほうが言葉がとがりません。相手との間に食事を介在させることは、「お互いに無理をして向かい合っているわけではありませんよね？」という暗黙の了解に繋がります。食べるために一緒にいることが必然的な条件になっているので、時間の経過がつらくないのです。まだテーブルの上に食べ物が残っている間は、相手と共にいられる時間なのですから。

もし、まだあまり親しくない相手と対面して食事をするのに抵抗がある場合には、カウンターで横並びに座るという手もあります。横並びは、同じ行為をしているということを前提にできますから、同調という点においては、実は対面よりも効果的なシチュエーションです。

たとえば、子どもがお母さんの手を引っ張って来て、「ねえ、ねえ、あれ見て！」と自分が興味を惹かれたものに「指さし」をすることがあります。そのときには必ず自分の隣に母親を並ばせ、自分と同じ方向を向かせます。

対面すると鏡と同じような条件になってしまいますから、身体の同調は横に並んだほうがやりやすい。だから、子どもはわざわざ自分の見ている方向に相手を向かせる。横並びは相手への同調や、相手に寄り添うようなコミュニケーションを取りやすくしてくれるのです。

カウンターでの横並びには他にも利点があって、「ところで……」などと言いながら相手のほうに向き直る瞬間に会話にアクセントを付けることもできます。お互い真正面を向いているときには同調できるような互いが乗れる話をして、突然向き直って「でもな、最近のお前を見ていると、本当はこういうつもりなんじゃないか」などと言えば、ガラッと雰囲気を変えることができる。

対面で話をしているときに視線を逸《そ》らせたら、相手は「拒否」と受け取る恐れもありますが、横並びなら自然に視線を逸らすこともできます。

また、カウンターの中にバーテンダーのような店の人がいる場合、バーテンダーも交えて話ができるということも、対話の大きな助けになるはずです。

先ほど、私が学生のころは飲み屋で育てられたと言いましたが、飲み屋というよりはお店のおかみさんに育てられたと言っても過言ではありません。先輩や学生仲間と飲み屋に行くと、勢い余ってケンカになったり討論になったりすることがあります。すると、いいころ合いのところで「あんたたち、何言ってんの。バカね。やめときなさい」と、おかみさんがよく割って入ってくれました。

カウンターにいるわれわれは同僚や学生同士のように、言わば同じ世界に属しています。一方、おかみさんはこちらの世界に属していないからこそ仲裁ができる。違う世界からの忠告だから、私たちはメンツを保てるし、納得できるのです。自分と同じ世界にいたら、味方に引き寄せるか、敵に回すかのどちらかになってしまいます。

違う世界からの「人生経験がまだ浅いのにそんなこと言ったって、しようがないでしょ」などという意見がかえって耳に心地よかったりもするのです。自分の中の狭い狭い世界でぐるぐる考えていたことに、パッと違う視点から光を当てられて「ああ、なんだ、そんなことだったのか」と気づかされることがあるというわけです。

酒場のカウンターにはいろいろな人が来ますから、おかみさんはさまざまな分野の考えも知っています。「この前、お店に来ていた人がこんな話をしてたわよ」というようなことも言ってくれる。だから、おかみさん一人の意見のみならず、背後にある多様な世界の考えを知ることもできる。おかみさんを仲介して、普段は知り得ないような他の世界の人と話ができる場合だってある。一種の異文化交流のようなものでしょうか。だから、酒場は勉強の場にもなり得るんです。

私が学生のころは京大の近くにもたくさんの飲み屋がありました。大学から銀閣寺に向かう道に半分屋台のようなカウンターだけの店が軒を並べていたものです。

言ってみれば、飲み屋は私にとって京大の夜間部とでも言うべき役割を果たしてくれた、もう一つの学校でした。

第6章 やりたいことで「貫く」

過去の自分に影響を受ける今の自分

還暦を過ぎてからというもの、とりわけ自分の人生に一貫性を持たせたいという気持ちが出てきました。若いころは自分の歴史がまだ浅く、一貫性があるかどうかなど分かるはずもありません。しかも、人生、まだまだ先は長いと思っている。でも、私ぐらいの年になると、もうそう長くはないなと思うわけです。するとうと今度は、過去の長い自分の人生に、今の自分が大きな影響を受けるようになってきます。過去に出会ったさまざまな方の考えや失敗に学ばせてもらうことも少なくありません。

その点で一番大きな影響を受けたのは、私にゴリラの調査を指導してくれたダイアン・フォッシーが一九八五年のクリスマスの晩に何者かに殺されるという痛ましい最期を迎えたことです。当時、犯人の可能性としては三つ挙げられました。一つは密猟者。一つはトラッカー。もう一つはイギリス人の共同研究者です。真相はいまだに闇の中ですが、いずれにせよフォッシーと周りの人々との対立が深まっていたことは確かです。

第2章でも触れたように、ゴリラを研究するうちに彼女の人嫌いは激しさを増していきました。ヴィルンガのマウンテンゴリラを愛するあまり、地元の密猟者を捕まえて拷問《ごうもん》まがいのことをしたこともありました。それは彼女が、彼らの暮らしをよく理解していなかったために起きたことでもあるのです。

密猟者の多くは地元のピグミーたちでした。もともと住んでいた場所が当時の宗主国のベルギーによって国立公園に指定されたため、森を追われた彼らに待っていたのはこれまでとは違う、慣れない暮らしでした。私には、彼らにとって森がどれだけ大きな、掛け替えのない存在かがよく分かります。カフジで一緒に調査を手伝ってくれたピグミーのトラッカーたちが、森に入ると途端に生き生きと輝き始めたのを目《ま》の当たりにしていたからです。

森に潜む動物の気配を全身で感じ、地面に落ちている果実に残された歯形や食べ方、足跡などから、そこをどんな動物が通ったかを特定する。彼らはまるで野生動物の一種のようにしなやかに森に分け入ります。森こそ彼らの暮らす場所であり、長老たちから教わった数多くの知恵を活かせる場所なのです。しかし、何の保証もなく新たな生活に放り出されたピグミーたちのなかには、手っ取り早く現金を得るために野生動物の密猟に走る人もいました。

必死にパトロールをしても後を絶たない密猟と、ゴリラの保全にストイックになるあまり、フォッシーは精神的に追いつめられ、誰にも理解してもらえないという孤独感と絶望に耐えられなくなっていたのかもしれません。朝からバーボンをあおることもありました。酔った彼女が、トラッカーたちに人種差別的な発言を繰り返すこともたびたびあったようです。

一方、密猟のパトロールを無理強いされた共同研究者たちは、自分の研究の時間を取ることさえ、ままならなかったそうです。フォッシーがゴリラの調査データを独占していたこともあり、論文もなかなか書けない。これも恨みを買う大きな原因だったと考えられています。

ちょうどフォッシーが亡くなる一年ほど前、私は妻と連れ立って彼女の元を訪れていました。ヴィルンガのマウンテンゴリラの調査の再開を見すえたうえでの訪問でした。フォッシーは私たち夫婦をあたたかく迎え入れてくれ、私は懐かしいヴィルンガのゴリラとの再会を果たし、楽しい日々を過ごしました。彼女が殺されたのはそれから間もなくのことだったのです。

彼女の最期を知ったとき、私は心に決めました。フォッシーのような悲劇的な出来事を二度と繰り返してはならない、と。とくに地元の人たちとの反目を早急に解決すべきだと考えました。

その後、一九九〇年にはルワンダで内戦が始まってしまったこともあり、残念ながらそれをヴィルンガでなし得ることはできませんでしたが、次に向かったカフジの二度目の調査では二つの誓いを立てました。

一つは地元の研究者を育てること。ダイアン・フォッシーはトラッカーたちに、ゴリラに近づくことを禁じていました。トラッカーに馴れてしまうと、同じ黒人の密猟者にも警戒心を抱かなくなり、ゴリラたちが危険に晒されると考えたからです。でも、私はむしろ地元の人こそゴリラを研究して、ゴリラという存在を自分たちの財産にするべきだと思っていました。ゴリラツアーによって、すでにカフジのゴリラたちは世界的に有名になっていましたが、実際にはゴリラを見たことのない地元の人たちも少なくなかったのです。

そこで、ニホンジカの研究でソ連で学位を取っていたムワンザ・ンドゥンダと一緒にゴリラの研究を進めることにしました。

彼は霊長類の調査の経験こそなかったものの、フィールドワークが大好きで、ゴリラやチンパンジーにも興味があると言います。しかも、負けず嫌いで、少々のことではへこたれそうにありません。フィールドワーカーにはタフさと辛抱強さが不可欠だと信じている私は、一目見て「これは良い相棒になる」と直感しました。

二つ目の目標は、現地主導でゴリラを保全するNGOをつくることでした。これは、カフジ＝ビエガ国立公園でゴリラツアーのガイドをしていた地域住民のジョン・カヘークワが知り合いや旅行社、マスコミを巻き込んで、一九九二年にポレポレ基金（通称ポポフ）をつくったことで達成されました。「ポレポレ」とはスワヒリ語でゆっくりという意味です。

発展途上国での自然保護活動は、先進国の資金援助と技術指導によって行われるのが一般的です。だからこそ、援助が途絶えると活動も衰退してしまうことが多かった。そこでポレポレ基金では歩みはゆっくりでも、あえて先進国の指導をあおがずに現地主導の自然保護活動を目指しました。

地元の自然を教材に、環境教育と植樹運動、そしてエコツーリズム運動を展開するために、国立公園の設立で森や自分の畑を追われたり、野生動物による被害を受

コンゴ民主共和国でポポフメンバーと共に

けている地元の人々に森の自然を保護する利点を理解してもらい、一緒に将来を模索しようと働きかけました。そこでは、森に棲むゴリラの一頭一頭に名前を付け、行動や生態を調べて、ゴリラを通して子どもたちに自然の掛け替えのなさを感じてもらえるようにしたのです。

私も設立当初から活動に加わり、日本支部をつくって現地の活動を支援してきました。

ゴリラの森が生き延びた

一九九六年には、ルワンダに続き、コンゴも激しい内戦に突入します。その後、ゴリラの棲む国立公園の近くに難民キャンプができたために、森の木はたくさん伐採されました。戦渦《せんか》から逃げ延びて来た人々は支給される救援物資だけでは心が満たされませんでした。いつものようにたき火で豆を煮てウガリ（穀物の粉を練り上げたアフリカの伝統食）を食べなければ、自分たちが生きている気がしなかったのでしょう。気持ちはとてもよく分かります。しかし、そのために森は丸裸になり、ゴリラたちは食べ物を求めて、さまよわなければならなくなりました。

多くの人が森に出入りすれば、その分、人間の病原菌が野生動物にうつる危険性も高くなります。本当は見せかけだけのゴリラのドラミングに恐れをなして、発砲する兵士もいました。こうして、人間が起こした内戦によって多くのゴリラたちが命を落としていったのです。

私が最初に出合った二つのゴリラグループのそれぞれのリーダーたちも例外ではありませんでした。マエシェは密猟者に殺され、ムシャムカとその息子であるニンジャも撃ち殺されました。みんな、私が敬愛する良きリーダーであり、良き父親でした。

追い打ちをかけるように、かつて一緒に森を歩き回り、森についてのたくさんの知恵を教えてくれたトラッカーも兵士に殺されたという知らせが私のもとに届きました。絶望感に襲われるなかで、私が唯一希望を持てたのは、多くの群れのリーダーが殺されてしまったあともメスや子どもゴリラたちが集団で暮らし、生き延びて、カフジ山のゴリラが絶滅せずに済んだこと。それは、地元の人たちがポポフを運営していたことが大きな助けになっていたからだと思います。

ゴリラの研究を始めた当初、私は自分の時間はすべてゴリラの研究に注ぎたいと思っていました。でも、それではゴリラも守れないし、自分の身も守れない。そこで、自分の時間をみんなの時間にしようと思ったのです。みんなで一緒にゴリラを見て、みんなと一緒にゴリラを守っていこうと。

ダイアン・フォッシーのカリソケ研究センターでは、私はいつも一人でゴリラに会いに行っていました。フォッシーの言い付け通りに、地元のトラッカーたちに荷物を持たせたまま、自分だけゴリラのそばに行き調査を行うというやり方には、どうしても抵抗があったからです。正直なところ、一人のほうが思う存分調査ができるので、一人でゴリラを見たいという気持ちがなかったと言えば嘘になります。

ガボンで日本の国際協力機構と科学技術振興機構による研究サポート
2010年

でも、カフジで仕事を再開してからというもの、私がゴリラを見るときは、必ずそばに誰かがいました。いつも一緒に誰かとゴリラを見ていました。その多くは地元の人たちでした。二〇〇二年から始めたガボンでの調査でも同じです。自分が見たことを、みんなが見たことにしたかった。ゴリラのことをみんなで考えたかったのです。

〝みんな〟というのは、地元の人に限りません。京大の学生をフィールドへ連れて行ったり、他の動物の研究者をガボンに連れて行くこともありました。今から考えれば、それもゴリラの研究や保全にすべて繋がっていることなのです。

ステータスにとらわれず、自分のやりたいことを突き詰めろ

そうやって振り返ってみると、これまで自分のやりたいと思ったことはやってきたような気がします。と言っても、それは自分が就きたいと思った「職」に就くことができたという意味ではありません。むしろ今までの「職」には、自分で選んだものがほとんどありません。一九八〇年にナイロビの日本学術振興会の駐在員になってからというもの、日本モンキーセンターのリサーチフェロー、京大の霊長類研究所の助手、理学部の助教授、教授、そして総長と、今までの「職」はすべて提案を受ける形で就いたもので、自分でなりたいと思ってなったものは一つもないのです。すべてフラフラと誘いに乗ってきたものばかりです。

何が言いたいのかというと、これまで私は自分のやりたいことをやるために、そのときの職業を選んできたわけではないということです。

アフリカのジャングルで暮らすゴリラを研究したい。そして、ゴリラを通して人類の由来や人間とはどんな動物なのかを知りたい。自分がやりたいことは職業とは

関係なく、ずっと続けてきました。つまり、環境に合わせて自分を変えるのではなく、環境を自分に合わせて変えていったというだけなのです。

極端に言えば、職業は何でもよかった。モンキーセンターのリサーチフェローになったときも、「研究者として身を立てないといかん」などということは思っていませんでした。

私がモンキーセンターで働くことが決まったときには研究部が廃止の危機に瀕《ひん》している状況でした。研究員とスポンサーが対立して現場は大混乱の真っただ中。附属の世界サル類動物園の学芸と飼育の職員との間にも対立や混乱が生じていました。モンキーセンターは、スポンサーとも学芸や飼育ともうまく調整できる研究員を探していました。そんな渦中に私がのこのことやって来たわけです。

早速、動物園の園長と学芸部長の間に席が用意され、監視つきの日々が始まります。これまでの研究員はフラッと出勤しては、好きなときに帰っていたのですが、入って早々、私には毎朝のラジオ体操と、タイムカード刻印が義務づけられました。見ようによっては針のむしろに思えるかもしれませんが、実のところタイムカードさえちゃんと押せば、あとは結構自由に動けたのです。ただし、私には毎日怠らないようにして続けていたことがありました。

それは動物園を見回って職員たちと話をし、学芸では一緒にお茶を飲み、夜は飼育員と酒を飲みに行くこと。それから、立場にこだわらず、積極的に科学研究費の申請などもして資金を取ってきたので、有り難いことに一年ほどで「山極のやることなら大丈夫だ」というお墨付きをみんなからいただけるようになってきました。おかげで、モンキーセンターにいる間に、アフリカにも、屋久島にも研究に行かせてもらえたのです。

もし私と同じように研究者になりたいと思っている若い人がいるなら、心に留めておいてほしいのです。研究者を一つのステータスだと思ってはいけないということを。各々やりたいことはあるでしょう。そのやりたいことに邁進《まいしん》していくことが〝道〟であって、准教授になりたい、教授になりたいというのは単なるステータスや職階。それを目標にして研究してはダメだということです。自分で楽しいと思うことをやりなさい。それが認められれば自然にうまく生きられますから。

やりたいことを手放して、教授になるためには年間、何本の論文を書かないといけないなどと考えるのは本末転倒です。ステータスを求めたら、たぶんやりたいことができなくなる。ただひたすら自分のやりたいことを、ずっと続けていけばいいのです。

自分が希望したところではなくても、ある程度、環境は自分で変えられます。そのためには、ただ遮二無二《しゃにむに》やるだけではダメで、これまで言ってきたように、時にはいろいろな戦略を立てることも必要なのです。

武器を使わず人を動かせ

悲しいことですが、グローバル化やテロ、経済危機の状況などを考えても、今後、今よりも危険な世の中になる可能性は否めません。だから、自分の身を守るためにも、人をどう動かすかを考える必要がある。

ある意味、とてもアナログな方法だと思うかもしれません。でも、それは武器を手に自分の身を守ろうとするよりも、よっぽど安全だと私は思っています。

人との関係を築くには、どうしたってアナログな方法しかないのです。ＩＴを使ったコミュニケーションではやはり難しい。相手と対面したうえでの、もやっとした、ボンヤリした信頼空間のようなものを自分の周りにつくっておくことが大事で、どれほど携帯で連絡を密に取り合っても、信頼空間は生まれません。そこには、そばにいてくれるだけで自分がいつもより勇気づけられる、危険な場所でも安心して歩ける気配のようなものが、存在しているはずです。

自分が何かをやろうとしたときに、やろうとしたことを言葉で言わずとも分かってくれているという安心感、あるいは、失敗してもきっと助けてくれるだろうという信頼のおける、そういう人間が近くにいてくれるおかげで、自分をいつもよりもっと鮮明に出せる。できることの範囲も広がってくる。一人ではできなかったことが、仲間が近くにいてくれるおかげで大胆にもなれる。冒険できる。それがまさに自由を広げるということではないでしょうか。

現代は、一人でできることがどんどん増えています。でも、一人ではなかなかできないことも山ほどある。些細《ささい》なことでもいいのです。一度も入ったことのない、ちょっと高そうなバーに入るのだって、一人では相当な勇気がいりますが、仲間とだったら「えい、入っちゃおうか！」と冒険できる。一人と二人では、えらい違いです。仲間やパートナーがそばにいてくれるおかげで、自分の自由度が広がるし、チャレンジ精神や幸福感、安心感が全然変わってきます。そういう世界にわれわれは生きているのです。

誰かと共にいるという感覚はいったいどこから得られるのか？ あるいはどういう経験や、どういう過去の事実に基づいて得られるのかというと、やはり時間に基づいたものだと思います。長い時間を共に過ごさないと、共にいるという感覚は生まれてきません。初めて会った相手は信頼したくても、ちょっとギスギスした感じ、硬直した感じ、ピンと空気が張りつめた感じがどうしても残ってしまいます。でも、幼馴染みのような間柄だと、お互いを空気のように思えたりする。他愛のないことも言い合えるし、反対に二人の間に話題がなくても居心地は悪くない。間に流れる空気が違う。そういう肌感覚が人間には不可欠だと思います。

人は変われる

今、京大で唱《とな》えているグローバル人材や国際的に通用する人材の育成というときの「グローバルって何？」「国際性って何？」ということは、改めてきちんと考える必要があると思っています。

世界は多様化し、さまざまな文化や国の人たちが流れ込んでは、出ていきます。モノにしても、人にしても、交流は多岐にわたっている。昔に比べたら、考えられないほどの勢いで、多様な物が私たちの目の前を通り過ぎています。

海外との交流に限ったことではありません。昔は北海道で取れるものを食べたいと思ったら、多大な時間と労力、お金を費やさなければ無理でしたが、今はあちこちで北海道物産展などの催しを行っていますし、通販もありますから、比較的楽に北海道産のものが手に入るようになりました。

それだけ多様なものが選択できるようになったということは、便利で自由度が広がった一方、その都度さまざまなものに対応していかなければならなくなったということです。つまり、多様なものを認めつつ、自分というものをきちんと持っていないといけない時代をすでに迎えていると言えます。

私は、それこそが重要なグローバル人材の素養だと思います。多様なものの存在を認めつつ、それを自分にうまく合わせつつ、なおかつ自分を失わずにいることができる人間。こういう素地は対話力のなかから鍛えられます。いろいろな人と会い、同調しながらも、自分が信じている、あるいは自分の身にまとっている教養をきちんと表現できる。そして、意思決定ができる。自分の考えをそのなかでまとめ上げ、自己主張ができる人間。

そのためには自らのアイデンティティをしっかり持つことです。名古屋弁が話せ、鹿児島弁が話せ、東京弁が話せ、関西弁が話せて、それぞれの土地の人と同調できたとしても、いったい自分の根っこがどこと繋がっていて、何についての話を相手に差し出せるのか——。そういう自分の核になるものを常に持っていることが必要なのです。

国際性というと、語学力を思い浮かべる方も少なくないと思います。たしかに海外にいるにもかかわらず、日本語だけで押し通すというわけにはいきません。だからと言って、ただ外国語を覚えればいいという問題でもないのです。

先に言ったように、言葉というのは文化を表すものですから、言葉の裏にあるさまざまな背景まで含めて身に付けないといけません。現地に行ったほうが言葉を覚えられるのは、身振りや手振りも含め、こういうときにはこの言葉を使うという具体例を、耳だけではなく身体で覚えられるからです。その土地の文化に浸ったうえで土地の言葉を話すからこそ、生きた言葉が覚えられる。

ただ、極論を言ってしまえば、言葉が話せなくても、何らかの表現方法で自分の言いたいことをきちんと伝えられ、なおかつ相手の身になって物事を考えることができる能力があれば、どんな場所でも通用すると思います。むしろ、あまり上手に言葉を話せないほうが魅力的に映る場合もある。重要なことは信頼されること。そして、相手に「あなたの話を聞きたい！」と感じさせるような魅力的な人物だと思われることです。

あなたに感動し、協力してあげたいと思わせる人間になる、その努力は怠らないこと。

最近では京大でも海外へ行く学生が減ってきているのが現実で、作家の小田実《まこと》のように、世界中を歩き回って「何でも見てやろう」という時代とは少し感覚が変わってきています。日本に限ったことではなく、ヨーロッパやアメリカも、年々海外へ行く人が減っているそうです。

人々から未知への憧れが失われつつあるということかもしれません。というよりも、未知そのものがなくなったということかもしれない。テレビやインターネットでアフリカや南極の映像を見るだけで、その土地を既知のように感じてしまうこともあるのでしょう。

私はゴリラの研究で何度もアフリカを訪れ、大事なこともたくさん教わりましたが、それでもまだまだたくさんの未知がそこには眠っていると思っています。実際に間近でゴリラの声の調子を聴いたり、息遣いや温かさを感じたり、その手首に触れてみたり、一緒に昼寝をしてみたり……。あるいは、ジャングルに潜むいろいろな動物の気配を肌で感じたりすると、決して既知の世界ではないと分かるはずです。

豪華な世界と出会うために

私の恩師の伊谷純一郎さんは「豪華な世界を垣間見る」ことの重要性を常々言っていました。いったい「豪華な世界」って何？　と言ったら、研究対象のゴリラや、アフリカのジャングルや、屋久島の照葉樹林の中に入って行き、ふとした時に素晴らしいものを見た、という感動なのです。研究をしていると、そういう瞬間が稀《まれ》に訪れることがある。私がシリーに覗き込みをされて、「対面」がゴリラにとっても、人間にとっても大切なコミュニケーションの一種だと分かったときのように。たぶん実験室の中にだってあるのでしょう。大きな発見に繋がるとんでもないものが見えた！という瞬間が。それを見逃さずにいられるかどうか――。ただし、見逃さないようにしようと思って、それを見ようと努力してはかえって見ることができなくなってしまいます。

ゴリラの研究ならゴリラの研究に浸りながら、ゴリラと人間についてずっと追究していないと「豪華な世界」には出合えない。向こうから歩み寄ってはくれない。未知の世界とは、そういうものなのです。

努力に努力を重ねて、あるとき、豪華な世界が立ち現れる瞬間が人生のうちに何度か訪れる。研究者にとっては至福の瞬間です。それを論文に書き、人に語り、さらに自分の理論や考えをどんどん発展させていく。

真剣にそのことについて考え続けていなければいけないし、こうでもない、ああでもない、どうなっているんだろう？という疑問もずっと抱えていないといけない。

モヤモヤを抱え続けることは、忍耐力を必要とするので、ともすれば、時代や世間の波に身を任せたくなるときもあります。しかし、どこかでその流れに踏みとどまっていると、流れとは違う何かが見えてくる瞬間がある。そうしてはじめて、自分が考えている世界とは違うものが目の前にパッと立ち現れて、自分の考え方を根底から覆してくれる。これまで人生を懸けてきた甲斐《かい》があったなと、出会えたときにはそう思えるのです。そこにこそ、個人として生きてきた喜びや幸福が詰まっているような気がします。分からないものをそのまま抱えて考え続けるということは、その先の未来に何かが起こるかもしれないという可能性を、自分の中に温めておくことでもあるのです。

たとえば、マラソンを走っていて、いつもいつも三五キロ地点でバテて優勝できなかったランナーが、今日はいつもと違うなと思いながら、三五キロ地点でむしろグッと加速して優勝してしまった――。その瞬間のようなものです。

いつものように、今日も三五キロ地点でバテるんだろうなと思って走っていては、おそらくその瞬間に立ち会える日は一生来ない。そこを突き抜けようと努力していなければ、おそらく訪れることはありません。

私は、人間というのはつくづくそういうふうにつくられている生き物だと思うのです。ゴリラやチンパンジーは、子どものころに目標を持ったりはしません。人間は目標を持つ。成長するにしたがって、目標は変わることもありますが、きっと何かしらの目標を持つこと自体は変わりません。目標を持つことが、人間がゴリラやチンパンジーと違うところ。だからこそ、人間はいくつになっても変われるのです。

いつでも自分は変われるんだと思うこと。羽が生えているんだと思うこと。飛び立てるんだと思うこと。今の自分の状況や仕事、研究や勉強に満足してしまってはもったいない。何も「より高みに」飛ばなくてもいい。別の場所にピョンと横跳びで飛んでもいいのです。「飛べる」と思えることが、自分の中の余裕になるのですから。

今の自分がいっぱいいっぱいではなく、オレは別の自分にもなれるぜ、という、それも一つの可能性として自分の内にあたたかく持っていてあげる。その目で自分を眺めてみる。「おい、ほどほどにしとけよ」と、どこかで自分を諫《いさ》めてくれる自分だって出てくるでしょう。

そして、いつか自分が挑戦できることに出会えたら、そのときの自分の境遇にこだわらずに、思い切って飛んでみてください。その先に「おもろい」ことが待っているかもしれません。

諦めたくないものはさまざまありますが、あるものを諦めたとしても次に向かうところは違う自分の可能性を引き出せる場所かもしれないし、それもいいんじゃない？ と思えるかどうか。

いつまでたっても人間は、いろいろな可能性を持っていられる。それが人間です。人間って、そういうものだと私は思っています。

おわりに

ゴリラを見ていると、人間って変な生き物だなと感じることがたくさんあります。たとえば「恋」もその一つです。

動物には「恋」がありません。つがいになったり、求愛行動をするのだから、それは恋なんじゃないの？　と思われるかもしれませんが、あくまでも発情によって起こるものなんですね。しかし、人間には発情期がありませんから、人間の恋というのはもっと精神的なものなのです。

恋と完全にはオーバーラップしないかもしれませんが、たとえば、私がゴリラの研究に熱中するように、何かに夢中になる心を持つのはなぜかというと、おそらく自分に対する「誇り」が関わっているのではないでしょうか。

多くの人間がいるこの世界の中で自分は唯一無二の存在であって、他の誰かではなく、ほかでもない私がやっていることに自信が持てるのです。

恋にしても、他の人が恋をするように私は恋しているのではありません。「私」が誰かに、あるいは「人類学」や「宇宙」に思い詰めているのは、とりもなおさず私だからです。

人間はそれを認めてもらいたいがために、いろいろな交渉をするわけです。そこで、どう自分と向き合うか、だと思います。

恋なんて変な病だなと思うこともありますが、もしかしたら、本当は諦めるべきところを諦められないということにおいては、役に立っているのかもしれないと思います。人間は諦めないという点で、他の動物とはまったく違う精神力を持っています。ダメならさっさと諦めるほうが効率的だし、自分も傷つかずに済むのですから安全です。これ以上やっても無駄だと思ったら人間以外の動物は諦めます。

私はゴリラから何度も突進やドラミングによる威嚇を受けても、諦めずにゴリラを追い続けました。

他の生き物から見たら、なんてバカな、と思うかもしれないけれども、諦めないことで私たちは多くの新しい発見や技術、イノベーションを生み出してきました。

人間の恋する心はそういうところにも、実は貢献しているのかもしれません。もちろん本物のストーカーになっては困るけれども、「いつかは振り向いてくれるはずだ」と思うと、諦められないわけです。

それはそもそも人間が「幻想」を持つ動物だからだと思います。遠い未来を見てしまう。夢見てしまう。

動物は「明日は雨が降りそうだな」という予期くらいはします。あるいは「この間、通った木のそばのキイチゴがそろそろ熟しているころだから、明日取りに行こう！」という予想はすると思います。でも、一年後、二年後に自分がどうなっているか、ということを夢見ることはない。人間だけが未来への希望を持ち、未来への価値観に懸けて結果が出るまで時間を使うことができるのです。

もし、「恋」のように自分が夢中になれるものと出会ったら、諦めずに「There is a solution.」、解決の道を探ってみてはどうでしょうか。ジタバタしながら、あの手この手を使ってその道を突き進む。そのときにはもちろん「相手の立場に立つ」「状況に即して結論を出す」「自分で決定する」ことを道しるべにしてください。未知数ではあっても一歩一歩踏み出して自分で体験することで「対話」の引き出しも増えていきます。自分の厚みも増していく。そして、その先にはきっと思いもしなかった未来の自分や世界が待っているのではないでしょうか。

文庫版によせて

本書は五年前に、私が京都大学の総長に就任した直後に構想し一年後に出版しました。「京大式おもろい勉強法」というタイトルに惹かれて手に取った読者からは、「何だ、京大の入学試験に通る必勝法が書いてあると思ったのに」という不満の声が聞かれました。その通り、この本には試験に通るための勉強法などいっさい書かれていません。失望する読者も多かったでしょう。

でも、ちょっと待ってください。私は、大学に入るためではなく、大学に入ってからの勉強法を述べたのです。それは、京都大学が伝統的に行ってきたトレーニング法であると同時に、今の時代どこの大学でも教えるべき「未来を生き抜く力を磨く方法」だろうと思ったからです。

残念ながら、私は京都大学でしか学んだことはありません。国内の他の大学で学んだことも、外国の大学に留学したこともありません。だから、ずっと京都大学の学び方が一般的なんだろうと思っていたのです。しかし、大学を出て、学会やシンポジウムに参加したり、友人を訪ねたりして他の大学を知るようになると、これはひょっとするとずいぶん違うかもしれないぞ、と思い始めたのです。

振り返ってみると、私が大学に入った一九七〇年代はまだ大学紛争の余波が残っていて、ヘルメットをかぶった学生がキャンパスを練り歩き、教室に侵入してきて講義の中止を宣告することが日常茶飯事でした。バリケード封鎖が相次ぎ、授業がなくなったおかげで暇な時間ができ、古本屋をはしごして本を立ち読みしたり、学生が自ら開いている自主ゼミを覗いたりすることが多かった記憶があります。部活動やアルバイトに熱中してほとんど大学に出てこなかったり、長期間海外に出かけたりする学生もいました。小田実の『何でも見てやろう』や寺山修司の『書を捨てよ、町へ出よう』が人気を博し、アングラ劇場や深夜映画館、そしてジャズ喫茶やロック喫茶が流行りました。私たちは、大学の外で多様な人々と巡り合い、さまざまな生き方や世界観を生の対話から学びました。そういった体験が、私のアフリカや屋久島でのフィールドワークに大きく役立ったことは言うまでもなく、またフィールドワークから得られた体験を人々との会話に生かすことができていっそう「おもろい」話に花が咲きました。

留学はしなかったものの、私はアフリカでゴリラの学校に入学しました。文化の違いではなく、人間とゴリラという種の壁を超えて分かり合うということがどんなに難しいことであるか、しかし、それがいかに驚きに満ちていて楽しいものであるかを、身をもって体験したのです。そして、現地の人から見れば、無意味で無謀とも見える冒険に人々を巻き込むことで、新しい自然観や世界観を見つけていく喜びを知ったのです。現地の言葉を覚えて、現地の人々の生活を自然のなかの営みから理解し、そして私と同じような夢を抱いて欧米からやってきたゴリラ研究者たちとフィールドの最前線で交流することを通して、私の心身はずいぶん鍛えられたと思います。

その経験は自分の人生を切り開くうえで大きな力となりました。それはやはり、京都大学という「対話を根幹とした自由な学風」の下で、自学自習によって創造の精神を磨いたことにあると思います。総長になって大学全体を見晴らし、他の大学にも目を向けるようになると、京都大学のユニークさに改めて思いを馳《は》せるようになったのです。

ただ、その伝統はいいことばかりではありません。たとえば「京大生は群れない」という言葉が独り歩きし、最近まで同窓会活動があまり活発ではありませんでした。それは誤解で、私はこの「群れない」という意味は、仲間を頼らず「精神的に自立せよ」ということだと思います。霊長類学の始祖であり、稀代《きたい》の登山家、探検家として名を馳せた今西錦司は、登山の心得を「紙の薄情、鉄の団結」と言ったそうです。普段は依存しあう心を捨てて自立せよ。しかし、命のかかった山行では固く団結せねばならぬ、という心構えです。険しい尾根や岩壁から滑落しないためには、ふだんから顔を合わせて互いの性格を知り、ザイルで身体を確保する練習を積まねばなりません。その精神は、世の中に出てさまざまな未知の世界と対峙するときにも大いに役立つはずです。

近年、日本の若者は冒険心が乏しくなり、海外へ飛び立たなくなったと聞きます。世界は探検しつくされて未踏の地や未知の現象がなくなり、インターネットが普及してあらゆる情報が手に入るので海外に行く必要がなくなったのかもしれません。しかし、百聞は一見に如《し》かずということわざ通り、世界には体験してみないと分からないことがたくさんあります。この地球を構成するさまざまな生物の営み、そして人間が数百万年をかけてつくってきた社会を知るには、知識や情報に頼るだけでは不十分なのです。

本書の初版を出してから、京都大学では「おもろチャレンジ」という海外体験支援制度を始めました。学部生を主な対象にして、三週間以上おもろい海外体験をしてくるために上限三〇万円の資金を毎年三〇人に支援する制度です。勉学の目的でなくても構いません。ただ、自分で一から企画し、相手側との交渉からヴィザの取得、宿泊の手配まですべて自分でやること、審査委員会が「おもろい」と認めることが条件です。最初はあまり志願者がいないのではと心配しましたが、いつも五倍近い応募者がいて、今どきの若者も捨てたもんじゃないと思っています。

さらに、変わったアーティストを呼んで話を聞く「京大おもろトーク」や自称他称変人と呼ばれる教員や学生を囲む「京大変人講座」も始めました。世の中にはこんなおもろいことを考え、実践する人々がいるということを学生諸君に知ってもらうためです。もちろん、近視眼的になりがちな私たち大学人同士の自省を促す意味もあります。こういった試みを通して京大の息吹を世界に発信していこうと思います。

本書を読んで、その心地よい風を感じていただければ幸いです。

京大総長《きょうだいそうちょう》、ゴリラから生《い》き方《かた》を学《まな》ぶ　朝日文庫

2020年５月30日　第１刷発行
2023年６月10日　第４刷発行

著　者　山《やま》極《ぎわ》寿《じゅ》一《いち》

発行者　宇都宮健太朗
発行所　朝日新聞出版
〒104-8011　東京都中央区築地5-3-2
電話　03-5541-8832（編集）
03-5540-7793（販売）

印刷製本　大日本印刷株式会社

ISBN978-4-02-262017-0

人類は何を失いつつあるのか

山極寿一　関野吉晴

弱いからこそ、人類は旅に出た――。ゴリラ研究者としてアフリカで人類の起源を探ってきた前・京大総長と、人類が世界中に拡散していったルートを10年かけて自らの足で辿った探検家が、家族の起源、狩猟と戦争、平等の意識、グローバリズムと教育など、人類の来た道を振り返り、現在と未来を語り尽くす！

〈朝日文庫〉